RING

JE SUIS FLIC
ET CE SOIR
JE VAIS ME SUICIDER

MARC LA MOLA
ET
LAURE GARCIA

JE SUIS FLIC ET CE SOIR JE VAIS ME SUICIDER

DOCUMENT

ring.fr

ÉDITIONS RING

Collection
DOCUMENT

–

RING
www.ring.fr

–

À tous ces flics ayant décidé de partir trop tôt,
À tous les flics

« Le suicide ! Mais c'est la force de ceux qui n'en ont plus, c'est l'espoir de ceux qui ne croient plus, c'est le sublime courage des vaincus. »

Guy de Maupassant

PREMIÈRE PARTIE

LITANIE

Prologue

Lundi 24 janvier 2022, 16 h 38.

Seul chez moi je fais défiler le fil d'actualité de ce réseau social sur lequel je traîne trop, sur lequel j'erre depuis bien trop longtemps. Mon index est actif et je ne m'attarde pas sur les inepties qui défilent à la vitesse grand V. Je divague autant que mon esprit sur cette liste stupide d'informations personnelles sans aucun intérêt. À travers ma fenêtre, un rayon de soleil réchauffe mes cuisses, pas un bruit n'émane de cette résidence du centre-ville de Marseille. Rien ni personne ne perturbe mon calme et ce silence lourd. Un tel a publié les photos de ses enfants, l'autre se lamente dans un texte trop long pour être lu alors qu'un troisième conteste la valeur du pass sanitaire en tentant de rallier à sa cause toute une bande de complotistes décérébrés.

Une liste d'idioties à laquelle je contribue, une liste de bêtises que j'alimente en la critiquant et me faisant la promesse de ne plus y retourner. Pourtant j'y suis encore et mon index redouble d'activité pour stopper brutalement sur une annonce d'une association policière. Une association qui pollue ma page depuis longtemps et que je m'étais encore promis de bloquer pour ne plus lire les lamentations de ces flics désabusés.

Flic je ne le suis plus depuis neuf années maintenant et celle qui fut ma seconde famille s'est éloignée lentement pour disparaître de mes souvenirs. Ne laissant que les bons pour occulter les mauvais. Pourtant, je reste flic, et si je souhaitais effacer mon passé je n'y parviendrais pas même en utilisant les pires détergents, les plus efficaces poudres à récurer. Non je le sais, flic je resterai…

Le texte publié par cette association m'interpelle, il me frappe le visage comme un lourd coup de poing qui viendrait écraser mon nez laissant s'échapper un ruisseau de sang rouge. Je lis, je relis mais je ne parviens pas à comprendre les informations que le texte diffuse. Il est court, à peine quelques lignes mais pourtant sa lecture m'épuise et me donne énormément de mal pour parvenir à la fin de ce maigre laïus.

Mon index a cessé de faire défiler le fil d'actualités, il est encore tendu vers le plafond comme si j'adressais à je ne sais qui un vulgaire doigt d'honneur, comme si j'étais en colère et que je souhaitais insulter cet interlocuteur imaginaire. Je suis seul face à cette information et mon doigt ne bouge toujours pas, seuls mes yeux se meuvent quelque peu pour peut-être éviter de laisser couler abondamment des larmes. Je suis las de lire cela, je suis épuisé par cette litanie que personne ne semble vouloir enrayer, que l'administration policière feint d'ignorer et qu'une hiérarchie stupide provoque en se délestant de sa propre responsabilité.

Je ne me souviens plus de son prénom mais peu importe. Il pourrait s'appeler Julien ou elle pourrait porter le joli prénom de Maguy. Ce dont je me souviens c'est qu'il n'avait pas trente ans. Hier soir, après son service, il est rentré chez lui. Il était seul et en tête-à-tête avec cette saleté d'arme, cette saleté de SIG-Sauer dont le chargeur était empli de quinze cartouches…

Le reste, je l'ai imaginé et pour me donner le courage de l'écrire je l'ai hurlé en silence dans ma tête. Mes mots sont venus frapper mes os pariétaux comme pour s'en échapper, comme pour rompre une barrière osseuse obstruant leur liberté. Ces mots sont des mots simples et sans doute Julien ou Maguy les ont répétés avant de placer le canon froid de leur arme dans leur bouche.

Moi, pour ne pas les dire, j'ai préféré les écrire en pensant à lui, à elle et même en imaginant le projectile s'extraire de l'étui, passer dans le canon pour occasionner des dégâts irréversibles dans la jeune tête puis aller faire éclater le sommet du crâne en libérant sang et os émiettés sur un mur blanc immaculé. J'ai même pu entendre, à force de me concentrer, les bruits sordides de la déflagration et ceux de cette matière organique percée par une ogive de plomb de neuf millimètres.

Je ne sais pas encore pourquoi mais j'ai eu besoin d'imaginer cela pour pouvoir tirer un trait sur ce jeune visage que je n'avais d'ailleurs jamais croisé. J'ai eu envie de contempler cette scène affreuse et cette douleur libérée de ce jeune homme, de cette jeune femme à peine sortis de l'enfance. Par vocation, tous deux étaient devenus policiers. J'ai imaginé le corps sans vie devenu lourd s'écrouler au sol dans un mélange de craquements secs et furtifs. J'ai vu le sang couler et se répandre sur le carrelage froid, j'ai vu le cadavre là sous mes yeux.

Il était en ce début d'année le neuvième policier à se suicider dans l'indifférence d'une administration centrale égoïste et incapable de réagir.

J'ai continué à imaginer la suite et cette sonnerie stridente brisant le silence d'une petite chaumière bourgeoise égarée dans une banlieue de la deuxième ville de

France. J'ai imaginé la maman accourir pour s'emparer du téléphone, elle était essoufflée et a posé ses gants et son sécateur sur la commode de la salle à manger pour prendre l'appel. J'ai imaginé ses yeux, j'ai entendu ses cris.

Par la suite, j'ai vu les simagrées des hiérarques et la mine de circonstance adoptée pour accompagner le mince cercueil vers un cimetière minuscule. J'ai entendu les clairons et les honneurs donnés ne parvenant pas à couvrir les hurlements d'une maman et d'un papa dévastés. J'ai imaginé les autres, les policiers qui n'ont rien compris de ce qui s'était déroulé, ceux qui n'ont rien vu se tramer. En tendant l'oreille, je les ai entendus dire qu'il était gentil et que jamais il ne se plaignait, j'ai même ouï-dire, par un vieux flic endimanché, qu'il avait des projets.

Parmi la foule réunie, certains baissent les yeux pour ne pas croiser le regard de la famille, pour cacher leur honte d'avoir poussé cet homme à presser la détente. Qui sont-ils ceux-là, quel rôle ont-ils joué dans ce drame ?

Je m'interroge et pourtant je les connais et je sais ce qu'ils ont fait et, surtout, ce qu'ils n'ont pas fait. Mais eux le savent aussi. Et si je me tenais face à eux ils baisseraient les yeux pour ne pas voir ma haine et ma colère, pour ne pas être jugés par quelqu'un qui sait et quelqu'un qui veut dénoncer leurs excès. Alors, virtuellement, je me suis avancé vers eux et j'ai fendu la foule pour aller les rencontrer et pour qu'enfin leurs yeux croisent les miens. Je vais leur demander de s'expliquer, je vais même leur imposer de me supplier de ne pas donner leurs noms et définir, pour le démontrer au grand public, chacune de leurs responsabilités.

Mais la difficulté est que tous ne sont pas humains. Les responsables de la mort de ce policier sont parfois des regards dédaigneux, des ordres ridicules, une pression terrible, un management abominable et inhumain et, surtout, une politique des ressources humaines affreusement cruelle, voire barbare.

Tous ceux-là ont posé leur doigt sur la détente et ont largement contribué à libérer le chien allant frapper le culot de cette maudite cartouche de neuf millimètres. Tous ceux-là opèrent au quotidien pour pousser plus de quarante policiers chaque année à mettre fin à leurs jours sans que quiconque ne s'en émeuve et que ces drames ne parviennent à ébranler les piédestaux sur lesquels ils sont toutes et tous installés.

Moi, ces socles, je vais les ébranler.

ML

Prologue 2

Nous sommes lundi, je stationne mon véhicule dans cette grande rue qui mène au commissariat, à mon commissariat. Comme chaque matin, je vais retrouver mes collègues et croiser tous ceux qui fourmillent dans ce bâtiment que j'affectionne tant. Au loin, j'aperçois le drapeau tricolore, planté au sommet, il flotte au vent léger et rappelle qu'ici est érigée une bâtisse représentant notre pays, nos institutions, nos valeurs. J'ai toujours été fière de porter l'uniforme, d'avoir sur ma poitrine, côté cœur, ce petit bout de tissu bleu blanc rouge que j'arbore en gonflant mes poumons. Du plus loin que je me souvienne, être policier était une vocation mais aujourd'hui cette certitude s'est un peu effritée, comme ternie au fil des années, au fil des journées écoulées, que ce soit sur les sièges miteux des véhicules de police secours ou bien entre les murs ternes et délabrés d'un bureau de brigade de sûreté urbaine. Je survis et je tente d'y croire encore, de croire encore en ce métier et à ce que je peux apporter. Je m'accroche à un idéal auquel je ne crois peut-être plus.

Je sonne et fais un signe de la main, la lourde porte vitrée se débloque, la collègue se tenant derrière le comptoir me sourit et m'ouvre. Même les jours où je ne me sens pas bien, j'aime me retrouver ici, je me sens chez moi, c'est ma deuxième maison comme on dit entre nous mais cela fait bien longtemps que les choses ont changé, je le sais, je le ressens.

Je monte les quelques marches qui me conduisent à mon bureau, cela fait déjà 24 ans cette année que je suis rentrée dans cette famille, pas une journée je n'ai eu à regretter mon choix, mais j'avoue que depuis quelque temps je me sens lasse et je commence déjà à envisager un départ anticipé à la retraite. Je me sens fatiguée, plus psychologiquement que physiquement, je me sens tout simplement fatiguée.

Mon bureau est déjà bruyant, c'est l'heure du rituel du café. J'arrive toujours au moment où la cafetière a déjà délivré son nectar aux quelques collègues présents, le temps de déposer ma petite dernière à l'école maternelle, je prends le train en marche.

Ce matin, je ressens une drôle d'ambiance. Le visage de ma collègue me semble grave. Parmi les voix qui parlent de leur week-end écoulé, de leur repas dominical et de leur film de la veille, elle, elle me regarde et me dit d'une voix émue :

– « Tu as vu ce matin ? La Police Secours s'est déplacée au domicile d'un collègue qui s'est suicidé avec son arme de service. Un collègue de 22 ans, c'est le neuvième depuis le début de l'année ! »

L'annonce me glace le sang et un frisson parcourt ma colonne vertébrale, ça ne cessera donc jamais ! 22 ans ! Je n'ose imaginer, c'est trop jeune, bien trop jeune. Un sentiment de colère et de tristesse germe en moi, j'ai envie de hurler. Je regarde mes collègues, ils n'ont pas l'air surpris, j'ai même l'impression qu'ils ne s'intéressent pas vraiment à cette annonce. C'est certain, nous ne le connaissions pas, mais pour moi c'est un des nôtres qui vient encore de tomber. Peu importe son nom, c'est un de plus qui vient de faire le choix de nous quitter de la manière la plus dramatique qui soit. Les mots me manquent, car il y a encore deux ans, j'ai été impliquée dans cette tentative de lutte contre ce fléau, contre ce malaise policier et chaque fois qu'une telle annonce voit le jour, c'est une part de moi qui s'enfonce un peu plus dans la nuit tant j'ai un sentiment d'échec, un goût amer dans la bouche. Pourtant j'ai essayé d'apporter des solutions, de tenter de poser une pierre sur un édifice déjà bien construit, déjà bien en place depuis plus de 70 ans, mais les méandres de l'administration policière sont difficiles à contourner.

Je ne connais pas celui qui vient de faire ce choix ni les raisons qui l'ont poussé à le faire. Peut-être qu'elles sont d'ailleurs éloignées du monde de la police, mais peu importe, le fait que ce soit un des nôtres me ramène à tous ceux qui nous ont déjà quittés. Je ne le connaissais pas et pourtant il faisait partie de ma famille, celle de la maison police en qui je crois encore mais qui porte de moins en moins le nom de « famille ».

Durant prés de dix ans, j'ai été au cœur de cette problématique, j'ai tenté de porter des projets pour trouver des solutions mais sans y parvenir. J'ai eu des fonctions au sein d'une association reconnue d'utilité publique qui se bat contre le suicide, contre le *burn out* de mes collègues, qui tente d'apporter un soutien et une réponse à leur mal-être, mais parfois, même souvent, nous nous sommes trouvés face à des murs infranchissables, des fossés incontournables et j'ai baissé les bras. Je n'ai plus eu la force de continuer ce combat, alors, j'ai laissé mon bâton de pèlerin à d'autres, plus neufs, d'autres qui n'étaient pas encore abîmés par un sentiment de désespoir, d'impuissance. J'ai échoué et ce neuvième suicide me le prouve encore.

Je me prépare un café et je fixe longuement le nectar couler dans ma tasse. Je pense à ce jeune flic et j'avale ma salive pour ne pas hurler. La tasse est pleine, un jour elle va déborder.

LG

NEUF

Il est trois heures et je ne dors pas. Je viens de quitter mon lit en délaissant celle que j'aime, celle qui dort chaque nuit à mes côtés et que je regarde partir chaque matin en ne sachant pas si je la reverrai. Elle aussi est flic.

Elle est ce que la vie m'a donné de mieux, elle est aussi bien meilleure que moi et pourtant je sais ces difficultés rencontrées, je connais les tensions quotidiennes qu'elle doit endurer. Je fais mine de le gérer pour ne pas l'inquiéter, pour ne pas ajouter à son stress une autre pression qu'elle aurait du mal à anticiper.

Parfois j'imagine que je pourrais la perdre, qu'un rien pourrait me l'enlever et je suis pris d'un sentiment étrange fait de panique et de résignation. Je connais son métier et ses difficultés, je sais ses impératifs et j'ai même vu, plutôt aperçu, son pistolet posé sur sa hanche. Ce jour-là j'ai nié cet objet, cet instrument que je ne veux plus jamais porter, plus jamais posséder. Les armes, je les hais et pourtant j'ai fréquemment utilisé la mienne.

Mais il est trois heures et je ne dors pas, mon sommeil a été interrompu par l'annonce du décès brutal d'un jeune policier. Je ne saurais dire pourquoi, mais il me semble le connaître, il me semble l'avoir côtoyé même si j'ai, depuis de longues années, quitté le commissariat où il exerçait.

À cette époque il n'était pas policier, moi je traînais mes guêtres dans ces couloirs et dans ces bureaux bruyants sans savoir que neuf années plus tard un jeune homme aurait mis fin à ses jours après y avoir passé une seule journée.

Neuf années depuis que j'ai démissionné et ce matin ils sont neuf à avoir démissionné de la vie, sans avoir déposé leur rapport, leur carte barrée de tricolore mais en conservant leur pistolet encore quelques minutes avant de le laisser tomber sur le sol de leur appartement. Je ne parviens pas à comprendre comment un métier peut causer de tels dégâts et comment de si jeunes personnes peuvent en arriver à cette idée et surtout parvenir à passer à l'acte. Je ne peux pas le comprendre, je ne peux surtout pas m'y résigner. Je ne veux pas m'y habituer.

Il avait vingt-deux ans, il était le neuvième à en finir. La plupart d'entre eux étaient jeunes, bien jeunes. Trop jeunes !

Je ne peux sortir de ma tête les images horribles de ces corps mutilés, de ces âmes meurtries et de ces familles anéanties. Mais pourquoi ne quittent-ils pas cette satanée police plutôt que de lui offrir leur vie, plutôt que de se mettre un pruneau dans la tête ? Pourquoi n'ont-ils pas ce courage et cette faculté de raisonner pour ne pas commettre le pire… ?

Ce matin, enfin cette nuit, ces questions me hantent. Elles m'obsèdent et j'ai encore du mal à ranger mes idées, à raisonner de manière cohérente pour parvenir à comprendre ce mécanisme. Je veux savoir pourquoi ils se sont tués !

Ce matin il me semble que le compte à rebours est lancé et que la grande horloge du temps va donner le tempo pour égrener les suicides de policiers. Le 25 janvier ils ont été neuf, il reste encore onze mois pour arriver à la fin de l'année et je fais un calcul simple qui m'amène au chiffre de 120 si le rythme est maintenu. Je compte sur mes doigts, je les regarde comme pour m'assurer que dix fois douze donne ce résultat, je préfère arrêter de compter.

Ce n'est pas un hommage que je souhaite rendre, ce n'est pas non plus une complainte inutile que je veux chanter. Ce que je veux c'est comprendre et aller au plus profond des cœurs des policiers pour les mettre en garde des risques de ce métier et leur dire que souvent, bien souvent, l'ennemi est à l'intérieur et qu'il est capable de les dévaster sans sourciller. Ce que je souhaite c'est avant tout de comprendre le mécanisme intellectuel au travers des turpitudes de cette institution et lui faire prendre conscience qu'elle est – elle seule – le criminel pressant la queue de détente des armes qu'elle a elle-même confiées. Car c'est bien elle, cette personne morale, qui est à l'origine de l'hécatombe. C'est bien elle la responsable de tous nos morts.

Alors je sais que je vais me heurter au mutisme et à la puissance terrible d'une institution entière, d'un ministère impotent et d'une opinion publique parfois réfractaire à cette problématique pour éviter de la voir et ne pas en être contaminé. Après tout ce ne sont que des flics, diront certains sans voir qu'il s'agit avant tout de jeunes gens ayant donné leur vie à ce métier ingrat pour sauver une société malade de l'individualisme.

Mais ce combat, je vais le mener pour celle dont la respiration reste linéaire et apaisée. Dans quelques heures elle va quitter notre couche pour mettre l'uniforme et moi je patienterai là en espérant la retrouver. Mais ce combat, je dois le mener aussi pour ma propre liberté, ma liberté intellectuelle et cette liberté que j'ai pu retrouver en démissionnant avant de commettre à mon tour l'irréparable. Mes armes ne sont que des mots, ils peuvent paraître dérisoires, mais je n'ai que cela pour réveiller les consciences endormies sous des litres d'anesthésiants dans un bloc opératoire à la lumière blafarde. Un bloc où l'on n'opère pas mais où les médecins légistes découpent les corps des pauvres flics suicidés pour déterminer la trajectoire d'un projectile ou la prise de médicaments ayant précédé l'ultime phase. Mais avant tout pour couvrir la responsabilité d'une administration.

Une fois encore, je vois les scalpels et le sang couler, je vois les visages fermés et les organes placés sous scellés.

Il était policier, il n'est plus qu'un corps vidé de son contenu pour que des analyses soient effectuées et que l'on puisse enfin déclarer que sa mort n'a aucun lien avec son métier, qu'il traversait une période personnelle compliquée et que... etc. Que je hais cette maudite phrase !

Il est quatre heures et je n'ai toujours pas sommeil. Je viens d'écrire pour me soulager mais cela ne m'a pas apaisé. Je vais m'étendre à ses côtés en espérant que je retrouverais la paix. Je suis fatigué...

ML

JE N'AVAIS QUE 20 ANS

Je prends place derrière mon écran d'ordinateur, le bureau a retrouvé son calme. Nous ne sommes plus que trois et chacun pianote sur son clavier, le bruit régulier des touches enfoncées plus ou moins fort brise le silence qui s'est installé. Est-ce que mes deux collègues de bureau pensent la même chose que moi ? Ont-ils eux-mêmes des souvenirs qui leur reviennent, des images qui s'étaient terrées dans un coin de leur mémoire et qui attendaient bien sagement le moment de réapparaître ? Des images sordides, noires et dures, des images que chaque policier a en lui mais qu'il tente d'oublier, qu'il tente de masquer jusqu'au jour où... jusqu'au moment où... Et moi, à cet instant, j'ai une image qui me revient comme un boomerang, un visage qui se plante devant mes yeux et qui rend trouble ma vue, je ne peux plus travailler, je pense à lui...

William, il avait à peu près le même âge que celui qui vient de se suicider il y a quelques heures, il était jeune comme je l'étais moi-même à cette époque-là...

Saint-Denis, début des années 2000, le 9-3 comme disent les adolescents. Je venais de terminer mon école de Police à Marseille, douze mois de scolarité à profiter du soleil, logée, nourrie, presque blanchie par cette nouvelle mère qui venait de m'adopter en son sein. Douze mois à nous façonner, à nous modeler mais certainement pas à nous préparer à ce qui nous attendait. Douze mois bien assise au chaud devant un bureau d'écolier, face à un tableau blanc velleda que le formateur généraliste s'appliquait à noircir à grands coups d'articles du code de procédure pénale ou d'extraits de notre code de déontologie. Des mots et des phrases entières apprises par cœur pour des évaluations nécessaires à l'établissement d'un classement final, et qui, malgré ma position honorable, ne m'a permis qu'à éviter d'être une plante verte devant le bâtiment du ministère de l'Intérieur.

J'avais donc choisi Saint-Denis car c'était la seule ville du 93 que je connaissais, la Coupe du monde de football de 1998 que j'avais suivie cette année-là m'avait permis de la situer géographiquement sur le plan que l'on nous avait gracieusement distribué avant notre entrée dans l'amphithéâtre au moment du choix des postes.

J'avais donc quitté mes parents, la douce chaleur de mon foyer, mes trois frères et ma petite sœur. J'avais déserté ma chambre d'étudiante et je me retrouvais comme chacun des collègues de ma promotion dans une banlieue que je ne connaissais pas, que je n'avais même pas imaginée tant elle m'était étrangère, tant elle me semblait irréelle, comme venue d'une autre dimension. La douceur de ma campagne toulousaine me semblait si lointaine.

Je me retrouvais dans un 25 mètres carrés, Porte de Clignancourt dans le XVIIIe arrondissement de Paris, près de Saint-Ouen, le marché aux puces sur ma droite et le vacarme du périphérique sur ma gauche. Au sixième étage sans ascenseur, je n'avais pas trouvé mieux. À cette époque l'administration nous octroyait quinze jours pour trouver un logement avant de prendre nos fonctions dans notre première affectation... 15 jours pour ne pas se sentir perdue, esseulée, à la rue. Certains n'ayant rien trouvé dormaient dans leur véhicule, ou bien passaient leurs premiers salaires dans des chambres d'hôtels miteux. Nous étions tous égarés, nous étions démunis. Ceux qui avaient eu la chance de se voir proposer un appartement par la Préfecture de Police représentaient à peine dix pour cent des nouveaux affectés. Les autres, comme moi, c'était au petit bonheur la chance.

Mes six premiers mois, je les ai commencés en Police Secours à Saint-Denis, ce qui équivaut, j'en suis certaine, à deux ans en province. J'ai tout vu, j'ai tout enduré, à ce moment-là, j'encaisse, je me blinde comme on dit. On grandit vite, très vite et on apprend aussi très vite.

Six mois se sont écoulés ainsi. J'avais oublié les techniques de Gestes Techniques de Police en Intervention (GTPI) apprises sur le tatami de l'école, je ne gardais en tête que la parade croisillon parce qu'elle m'a toujours fait rire et qu'elle me fait rire encore aujourd'hui. Cette technique consiste à croiser ses bras en avant bien haut pour parer un coup de couteau venant de haut en bas. Je ne l'ai jamais mise en application, et je sais que si le cas devait se présenter ce n'est pas cette chorégraphie que je choisirais pour faire face à la situation. J'avais plutôt appris les techniques de terrain moins académiques mais bien plus efficaces à mon goût.

Au bout de six mois, je quittais la police secours pour intégrer un nouveau groupe qui allait voir le jour. Avec la création de la Police Urbaine de Proximité, c'était la tendance politique du moment, on voulait voir du bleu dans les quartiers dits difficiles, le groupe des Francs-Moisins naissait.

Nous étions un petit groupe, tous jeunes, nous étions tous encore dans la vingtaine avec notre fougue et nos idéaux. Rien ne nous décourageait, même pas le fait d'être jeté au milieu de la Cité des Francs-Moisins, quartier de cette ville de Saint-Denis dans le 93, sans véhicule, à pied, à peine équipés d'un casque bien souvent trop grand et d'un gilet pare-balles à dotation collective bien trop lourd pour nos épaules tout juste sorties de l'adolescence. Nous passions nos journées à déambuler dans cette citée comme des spectres, à longer les bâtiments lugubres et tagués de phrases agressives truffées de fautes d'orthographe, pour la plupart à notre intention, et à guetter les hauteurs pour éviter les divers objets qu'on nous envoyait des étages. Tout y passait, on en plaisantait parfois en hurlant « sauce tomate s'il vous plaît » à l'intention de ceux qui, terrés dans leur appartement, nous visaient avec tout ce qu'ils trouvaient, de la boîte de conserve au four micro-ondes. C'était notre quotidien, mais on aimait ça. On se sentait fort et investis d'une mission, celle de reconquérir ce quartier qui était devenu le nôtre, on se l'était approprié. Pauvres fous que nous étions, tellement idéalistes et crédules en une mère qui nous lâchait ici avec pour seules armes notre jeunesse et notre naïveté.

Au bout de quelques mois, je n'étais déjà plus stagiaire, mais titulaire, ce qui confère un statut d'ancien dans ces commissariats qui voient défiler des générations entières de flics. Cela faisait donc un an que j'arpentais les rues sales et tristes de Saint-Denis où la misère humaine s'étalait au grand jour sans que cela ne me surprenne plus, j'y étais désormais habituée, la tendance s'était inversée. Tant et si bien que lorsque je revenais en province, dans mon foyer familial, je trouvais que le décalage était là-bas et non dans cette banlieue parisienne, deux mondes s'affrontaient à distance. Je n'aurais jamais cru que ces mondes-là seraient un jour devenus qu'un et ce n'est pas celui de mon enfance qui a survécu. La gangrène de l'un avait gagné l'autre, un des deux mondes avait presque disparu, il s'était laissé étouffer.

William... Il faisait partie de ce nouveau groupe créé, nous n'étions qu'une dizaine, sous les ordres de notre Major, un golgoth, une armoire à glace, des mains immenses et fermes, un modèle pour nous tous.

Ce soir-là, le Major n'était pas présent, j'étais celle qui prenait les décisions en son absence. Nous venions d'avoir une journée normale. Nous avions parcouru de long en large la cité, nous avions essuyé quelques jets de projectiles, comme d'habitude, et dérangé quelques points de deal en jouant au chat et à la souris. Il nous restait une paire d'heures avant la fin de notre vacation, nous étions rentrés au service avec un interpellé, une mise à disposition, comme chaque jour. William m'a alors demandé un départ avancé. Je savais qu'il traversait une mauvaise période, il était en pleine séparation et cela le minait. Il n'était pas jovial ce jour-là, lui de nature si enthousiaste, il n'avait pas participé comme à son habitude à nos histoires drôles, et même le fait de rentrer avec un interpellé et de faire une belle affaire ne lui avait pas rendu son sourire. Je l'ai laissé partir en lui demandant de prendre soin de lui et de se reposer, je ne savais pas que c'était la dernière fois que je posais ma main sur son épaule. Je l'ai fait quelques jours plus tard, mais elle était devenue froide, pour toujours.

Je me souviendrai longtemps de cet appel. Je rentrais chez moi, en voiture. C'était le début des téléphones portables, la fonction bluetooth n'existait pas, j'avais décroché et mis la conversation sur haut parleur, c'était mon Major. « William s'est tiré une balle, il y a moins d'une heure... » Je ne sais plus si c'est mon cri d'horreur qui a envahi l'habitacle, ou bien si c'est mon sanglot et mes paroles haletantes qui ont poussé à ce que la conversation soit coupée, mais je suis restée longtemps sur le bas-côté de la route. Dans le noir, les mains tremblantes, les yeux dans le vide. Incompréhensible, inexplicable, je n'avais pas de mots assez forts, il n'existe d'ailleurs aucun mot assez fort pour exprimer ce que l'on ressent à cet instant.

C'était la première fois que j'étais confrontée à ce mot « suicide ».

William, sportif, n'ayant jamais bu une seule goutte d'alcool, s'était laissé tomber, il avait abandonné. Après avoir quitté le commissariat et nos yeux rieurs, après nous avoir laissés dans notre bureau de cinq mètres carrés au fond de ce bâtiment du 15 rue Jean Mermoz, cet édifice aux pierres rouges, vieillissant, lugubre, aux barreaux de fer tordus par le poids du plancher de béton du premier étage, après nous avoir fait un signe de la main, il s'était engouffré dans son véhicule, il avait fait des tours de périphérique, intérieur puis extérieur, avant de se résoudre à rentrer chez lui.

Là, attendant celle qu'il avait aimée mais qui maintenant le quittait, il avait vidé une bouteille entière de whisky, un liquide de 40 degrés d'alcool qui coulait dans ses veines, qui empoisonnait son sang et qui allait le conduire à presser la détente de son arme de service et à envoyer l'ogive brûlante sur sa tempe..

Il n'était plus, en une fraction de seconde, il n'était plus.

Alors aujourd'hui je pense à lui et son visage me revient en mémoire. Qu'aurais-je pu faire de plus ?

Ai-je manqué quelque chose ? Son visage est désormais dans ma mémoire, indélébile. J'ai oublié certains visages de mes collègues de cette époque, et parfois même leurs prénoms, mais William, lui, sera toujours là, comme si je l'avais quitté la veille.

Encore aujourd'hui je pense à lui, et je me pose toujours les mêmes questions, j'ai toujours les mêmes remords. Des questions que doivent très certainement se poser aujourd'hui les collègues de ce jeune de 22 ans venant lui aussi d'abandonner, venant lui aussi de nous quitter.

Adieu William...

LG

AU DÉBUT

Rien ne semblait pouvoir faire vaciller ces jeunes fonctionnaires de police. Dès leur entrée en école pour y recevoir leur formation initiale, on les a vus pétillants et heureux d'intégrer l'institution. La plupart sont issus des couches populaires de notre société et bon nombre d'entre eux sont des enfants de policiers. Deux milieux dans lesquels jadis on ne se donnait pas la mort ou rarement car dans cette couche sociale, comme dans cette corporation, on vivait les pieds dans la merde et lorsque les effluves pestilentielles remontent jusqu'à vos narines on est souvent plus solide. Mais cela aussi semble avoir changé et la strate intermédiaire ayant quasiment disparu pour laisser la place à une catégorie de gens au faible pouvoir d'achat a vu se greffer à elle ceux qui auparavant vivaient plutôt bien. Dans la police, c'est un peu ce qui s'est passé aussi puisque à l'époque où cette corporation était reconnue, appréciée et surtout dirigée par de vrais flics on ne comptait pas autant de morts volontaires en ses rangs. La tendance est aujourd'hui toute autre.

Alors ces jeunes recrues ont-elles été les spectateurs de la lente paupérisation du métier et ont-elles assisté passivement à la diminution des motivations de leurs aînés, de leurs propres parents policiers ? Pourtant ce sont bien eux qui les ont motivés, pour peut-être éviter une situation économique compliquée, à embrasser une carrière qu'eux-mêmes souhaitaient quitter au plus vite. Mais peu importe puisque le constat est sans appel : elles seront une quarantaine chaque année à tomber sous leur propre balle !

Pourtant, au début de ma carrière dans la police, j'étais fringant et motivé. L'immense tâche qui se présentait à moi ne m'effrayait pas et je me sentais armé pour l'affronter. Nous étions jeunes et larges d'épaule, comme le chante Bernard Lavilliers, nous étions jeunes et pleins d'idéaux surtout mais avec en plus de cela une étincelle au fond des yeux qui allait nous permettre de partir loin de chez nous pour lutter contre la délinquance et la criminalité. Je savais que ce métier n'était pas simple et que mon parcours allait être jalonné d'obstacles sur lesquels j'allais trébucher. J'avais quelques pistes pour les éviter.

Au début, donc, j'étais fort et plein de motivation, j'étais surtout jeune et con, suffisamment con pour penser que je pouvais inverser une tendance, que mon action au sein de cette police pouvait contribuer à rendre le pays moins difficile, moins exposé à une vague de criminalité grandissante. Je me sentais capable d'aller au charbon avec le peu d'armes que mon administration de tutelle daignait mettre à ma disposition.

Pas ou peu de volonté politique courageuse, pas ou très peu de moyens matériels et techniques, des locaux insalubres et des véhicules hors d'âge stationnés devant mon commissariat menaçant parfois ruine : voilà ce dont je disposais pour affronter les délinquants sur-armés et sur-déterminés. Et pourtant j'y allais, nous y allions la fleur au fusil et nantis de cette certitude que notre mission était indispensable mais aussi qu'en cas de dérapages nous serions soutenus par notre hiérarchie et une justice pas encore faible et pas encore aveugle pour voir la bien triste réalité de sa propre chute dans les abysses de la misère.

Bref, nous étions motivés et moi le premier puisqu'animé par une vocation réelle pouvant paraître à ce jour dérisoire et même grotesque. Grotesque... Ce qui est grotesque c'est la mort récente de ce jeune collègue, ce décès que je ne parviens pas à extraire de mon crâne, ce départ qui m'a empêché de dormir cette nuit.

Nous étions plus flics que fonctionnaires de police et je donnais de mon temps et de mon intégrité physique sans que cela ne représente, à mes yeux comme à ceux des autres, une idée saugrenue ou une aberration. C'était normal de s'impliquer autant et même en délaissant mes propres enfants. J'étais flic et cela était important pour moi, parfois plus important que ma vie personnelle, familiale et sentimentale.

Je n'avais pourtant pas signé un quelconque contrat d'engagement, mais je me sentais engagé comme peuvent l'être les hommes de religion, ceux qui intègrent un monastère pour servir un Dieu dont on ignore encore l'existence. Moi, de Dieu, je n'en avais qu'un, il s'appelait POLICE. Je le vénérais chaque jour et je lui donnais tout ce que je pouvais lui offrir. Mais, au-delà de la vénération que je pouvais éprouver, il me semblait que j'appartenais à une famille, une autre famille que celle de mon sang. Ses membres étaient nombreux, plus de cent mille dans le pays, entre nous, nous nous reconnaissions sans aucune difficulté et nous pouvions compter les uns sur les autres. J'étais fier d'être flic et rien ne pouvait m'empêcher de le clamer lors de repas improvisés durant lesquels j'allais me confronter à des gens hostiles et ignorants du fonctionnement de mon métier. Ma fonction, je la défendais bec et ongles, mes prises de décision je les assumais et ce putain de métier j'aurais pu devenir agressif pour l'expliquer. En d'autres termes, je l'aimais et il faisait de moi un citoyen responsable et engagé.

Alors, pour éviter ces confrontations je passais le plus clair de mon temps avec d'autres policiers, ainsi les repas étaient moins agités et nul besoin de se disputer pour devenir pédagogue. C'est durant ces rencontres que je me sentais le mieux, nous étions tous flics et nous nous comprenions sans même nous parler, comme dans un vieux couple un seul regard, même furtif, suffisait.

Puis les années se sont écoulées. J'ai mûri, j'ai changé aussi mais c'est elle qui a le plus changé, c'est bien elle, cette maîtresse que j'ai tant aimée : la police !

À coup de politiques inadaptées, j'ai constaté, lentement mais sûrement, que la police vendait son âme au diable, à un diable devenu incontournable et qui la faisait ressembler de plus en plus à la société.

Je l'avais connue différente, j'avais rencontré une police à part, à part des autres, bien éloignée du reste de la société. En fait, nous les policiers, appartenions à une sorte de société parallèle, à une espèce de monde fait uniquement pour et par les flics et personne d'autre ne pouvait y pénétrer. On y parlait le même langage, on y avait les mêmes visions de la société et nos aspirations pour elle comme pour nous étaient similaires. Le reste du monde ne pouvait pas nous comprendre, car nous évoluions dans un espace où le cynisme, le second degré et le pragmatisme régnaient en maîtres et régentaient les règles de vie. Nous nous moquions de tout et surtout du lendemain que l'on savait incertain pour être au quotidien plantés dans la réalité d'une violence et d'une misère omniprésentes.

Nous étions flics tout simplement et j'aimais tellement cela !

ML

PAR LA SUITE

Par la suite j'ai grandi, j'ai surtout évolué et j'ai compris mon métier. Je n'étais plus dupe de rien et je commençais à stocker dans les tiroirs de mon crâne des monceaux de saloperies vues ou plutôt perçues violemment jusqu'à rendre mes nuits blanches et mon espoir noir, si noir que je ne parvenais plus à le discerner dans cette police que j'avais aimée. Un sentiment étrange commençait à s'installer et je regardais celle que j'avais adorée comme une vieille épouse que l'on commence à ne plus supporter, à ne plus tolérer auprès de soi en se persuadant que c'est bien elle qui a changé, qui s'est enlaidie pour mieux occulter ce côté sombre bien ancré en nous. Pourtant, les rides, c'était bien sur mon visage qu'elles s'étaient installées, en dissimulant les plus profondes marquant cruellement mon esprit et ma vision de l'Homme.

Mais cette lente descente prit plus de vingt années à se faire ressentir, pour que je parvienne même à déterminer que c'était bien mon métier qui était à l'origine de mes maux et qu'au-delà de cela il exacerbait ceux que je gardais par-devers moi. Ces blessures d'enfance non cicatrisées, ces plaies laissées béantes car non assumées et non dites, par pudeur, honte et crainte, dans un cabinet de psychiatre et que l'on conserve comme si on les affectionnait ou par pur égoïsme de se voir déposséder des bribes même blessantes de sa toute petite enfance. Et pourtant je savais que je glissais, que mon regard changeait sur les autres, sur les non-policiers. Je pensais même être le seul à avoir raison et que celui qui refusait d'admettre ma réalité n'était qu'un idiot, n'était qu'un ignorant de la réalité de nos villes et des dangers qui les menacent.

Du recul, je n'en avais pas, mon raisonnement s'amenuisait considérablement chaque année et je n'étais plus qu'un spectateur passif de la déliquescence de ma propre vie professionnelle et personnelle. Car une particularité importante de ce métier est bien que les vies professionnelles se mêlent aux vies personnelles jusqu'à devenir un tout étrange et vaseux d'une vie d'à-peu-près, une vie de presque beaucoup faite de rien et surtout de désolation. C'est bien cela la vie d'un flic, c'est ainsi que l'on peut la résumer lorsque l'on est plus en activité et que l'on parvient à prendre le recul nécessaire à l'autoanalyse et à l'examen approfondi de cette mission ingrate que l'on croit légitime et sensée. Dans cette profession rien n'est sensé, rien n'est cohérent et rien n'est normal si l'on détermine la normalité dans un contexte professionnel par rapport aux autres métiers.

Car ce que vit le flic ne correspond en rien à ce pour quoi il a été programmé. Chaque individu est conditionné. Hormis ceux nés sous des pluies de bombes dont les réflexes sont ceux de survivre, les autres ont des visions de la société bien souvent édulcorées, puisque issus de milieux favorisés. C'est cette catégorie-là qui est la plus présente au concours de gardien de la paix. Paradoxalement la majeure partie des candidats au concours viennent de la campagne ou ne sont pas directement issus de gros centres urbains. À l'exemple de Laure qui, comme elle le détaille en préambule, a quitté sa ruralité pour être plongée très vite, trop vite et dans l'enfer des banlieues chaudes du 93 alors que d'autres le sont dans les quartiers nord de Marseille ou encore dans l'enfer citadin de la capitale. Ceci reste indéniablement un premier choc pour cette population rurale chargée de gérer les conflits qu'ils ne connaissaient pas encore douze mois auparavant leur incorporation, sauf au travers des émissions de télévision dont le but est d'effrayer un public crédule. Inéluctablement, c'est dès sa première affectation et même dès sa première patrouille qu'il commence à emmagasiner des situations inextricables et à subir plusieurs pressions qu'il ne peut identifier clairement au début mais qui s'éclaireront au cours de sa carrière.

J'ai eu de belles années au sein de cette police et elle m'a beaucoup donné. Je lui ai donné à mon tour sans compter et savoir si finalement c'était à elle que je donnais ou à la société. J'ai toujours été certain de ne rien devoir, si ce n'est l'obéissance, à mon administration de tutelle et encore moins aux différents ministres qui se succédaient sans que l'un soit meilleur que son prédécesseur et son successeur. De ces hommes politiques, je n'en avais que faire car je me concentrais sur mon métier et sur le service que je devais rendre à la population qui, pour mon cas, était très souvent démunie, défavorisée puisque je n'ai exercé par choix que dans des quartiers difficiles. Cela reste une problématique non négligeable pour examiner et comprendre le cheminement intellectuel d'un policier de base se trouvant *in fine* seul à combattre des démons qu'il a lui-même laissés entrer dans sa vie et ne parvenant plus à les capturer, les dompter et bien malheureusement à les évincer voire les tuer.

Mais, pour rendre ce texte compréhensible de tous et notamment de celle ou celui ne connaissant pas grand-chose au monde policier il nous appartient, à Laure et à moi-même, de détailler chaque instant de nos carrières et chaque moment fort pouvant ou ayant impacté nos vies et qui contribuent largement à dégrader, sinon nos propres états psychologiques, du moins ceux des malheureux policiers ayant mis fin à leur jour. Ainsi je regarderai Laure vivre et évoluer au gré de ses journées passées au commissariat et elle déterminera, dans mes propos, ma vision actuelle d'un retraité de la police capable enfin de regarder objectivement cette institution et ses déviances, ses turpitudes. Mais, ce qui nous importe c'est bien de raconter, au travers de nos carrières et nos vécus, ce qui peut pousser un policier à se suicider. Car encore plus Laure que moi nous avons été touchés de près par des pertes de collègues sans que nous ayons pu, à ce moment-là comprendre et encore moins anticiper un quelconque passage à l'acte. Ces suicides, d'ailleurs chacun des suicides de policiers, laissent une trace indélébile dans nos âmes et nos cœurs de flics et nous le vivons comme un échec personnel pour ne pas être parvenu en temps utile à tendre la main, à écouter ou à percevoir, par manque de temps ou parce que nous-mêmes étions dans un état proche de celui qui avait décidé de mourir. Aujourd'hui encore, à l'annonce du départ anticipé d'un collègue, nous sommes impactés et cherchons tous deux à comprendre pourquoi tant de flics meurent sous leur propre balle. Cette question, nous nous la posons sans cesse et à force d'y songer nous sommes parvenus à déterminer des pistes et à cerner modestement les causes de ces suicides.

Les évoquer reste complexe, les rendre accessibles à chacun sera ardu car il nous appartient de décortiquer le mécanisme de cette police capable de laisser mourir les siens et d'expliquer ce qui peut pousser tant de valeureux policiers à se mettre une balle dans la tête.

Ce qui est certain c'est que ce métier est particulier et que la majorité des personnes l'ayant embrassé ne l'ont pas fait par hasard, pas seulement pour échapper au chômage ou à un univers morose. Ce métier est avant tout une façon de vivre et de concevoir sa vie et celles des autres à travers le prisme déformant de la paix publique, si tant est qu'elle puisse exister, subsister dans nos villes envahies par la violence et une certaine impunité. Donc, être flic donne un sens à la vie de celui qui l'est devenu et même si ce sens n'est pas forcément le bon ou est le sens que souhaite la majorité des citoyens de ce pays, le flic va se convaincre que sa vision reste la seule qu'il faut avoir. Le sens de la vie d'un flic lui est bien propre et cette position risque de le conduire inexorablement vers des sentiers perdus, des chemins oubliés par une société plus obnubilée par la situation économique que par la délinquance et la criminalité. Car, en effet, tout ne passe pas par la sécurité et cela le flic a du mal à le comprendre. Dès lors il va se placer en position de vulnérabilité.

ML

MÉTAMORPHOSE KAFKAÏENNE

Je regarde ma montre, il est bientôt 17 h 00. En regardant ces chiffres qui rythment mon quotidien, je ne peux m'empêcher de me faire cette réflexion avec une moue de dépit : je suis vraiment devenue une fonctionnaire. C'est un constat et il est implacable. Cela fait déjà quelques années que je le sais, que j'ai senti le changement s'opérer au fond de moi. Je me suis métamorphosée en cette bête que je combattais jadis, celle que je pointais du doigt sans la comprendre en la regardant avec défiance et méfiance, en l'accusant de trahison avec mes yeux tout neufs sortis à peine de cet œuf qu'était l'école de police.

À mon tour, j'avais mué et pris cette forme, j'étais devenue une fonctionnaire de police. Je regardais passer les heures et j'attendais la fin de semaine avec impatience Je n'étais donc plus flic, plus le flic que j'avais été. Ce flic qui ne comptait pas ses heures, qui se ruait sur les interventions, qui faisait son boulot sans compter et sans regarder les risques qu'il prenait à le faire.

Parfois j'imagine cette métamorphose comme celle que Kafka raconte, ce roman de l'absurde où le sujet principal se réveille un matin dans la peau d'un insecte géant. Il ne comprend pas ce qui lui arrive et aura bien du mal à accepter cette transformation hideuse. C'est un peu cette image que j'ai en tête quand je pense à ma propre transformation, celle qui s'est opérée en moi. Je ne suis malheureusement pas devenue un joli papillon. Je ne suis pas cette larve qui s'est réfugiée dans cette nymphe, dans cette chrysalide que j'aurais ensuite percée pour m'en extraire en déployant mes ailes fièrement pour que tout un chacun puisse contempler les merveilleuses couleurs que j'avais sur le dos. Non, j'identifie ma transformation comme à celle de Kafka, hideuse et oppressante, étouffante, je ne me sens pas bien dans ce nouveau corps, j'étouffe, mais je ne peux que poursuivre et vivre avec, je suis dorénavant liée à lui et jusqu'à la fin de mon contrat. Je ne vis pas, je survis.

J'ai rangé dans mon vestiaire ma tenue bleue marine. Mais je sais qu'elle est là. Elle me regarde et je me souviens quand je la portais, chaque jour. J'allais, ainsi revêtue, sur les interventions avec fougue et conviction. Je courais après celui qui prenait la fuite à notre vue, je partais en tête, j'étais fière. Aujourd'hui, je la sors de temps en temps, enlevant un peu la poussière qui s'est accumulée sur les épaulettes par les orifices de la porte de mon casier en fer. Je l'époussette avec nostalgie comme si je la gardais en souvenir. Je ne la sors pas pour les grandes occasions comme un costume trois pièces que l'on garderait sous housse pour le mariage du dernier ou l'enterrement de la grand-mère, non, je la sors uniquement pour parader. Je la revêts dorénavant pour les cérémonies ou les réunions pompeuses, elle est devenue un uniforme d'apparat que je range ensuite soigneusement en prenant soin de mettre quelques boules de naphtaline pour éviter que les mites ne viennent davantage effilocher le tissu élimé, usé comme je le suis. J'ai même du mal à la porter tant je trouve que je n'en suis peut-être plus aussi digne qu'à mes débuts. Je me sens si loin de mes concepts d'il y a vingt ans. Pourtant, il m'arrive d'avoir des vieux relents, des sensations qui me reviennent et je me surprends à retrouver les automatismes de mes années de terrain, de mes journées de quand j'étais flic... Au détour d'une interpellation, ou d'un simple contrôle, je me retrouve enfin. Dans ces moments-là, je sens quelque chose qui se réveille en moi et je redeviens celle qui semble sommeiller, celle qui semble tout simplement être éteinte. Alors j'ai comme un espoir : je me dis que je ne suis pas encore morte, du moins pas tout à fait, je me dis que cette bête n'a pas encore tué le flic que j'étais. Mais la réalité me rattrape. Ces quelques moments, si rares, ne suffisent pas à me voiler la face. Je suis devenue ce que je refusais d'être. Comme Grégor dans *La Métamorphose* de Kafka, où cette bête va petit à petit éteindre toute humanité en lui, moi c'est cet état de fonctionnaire qui s'est emparé de moi et qui est en train d'éteindre petit à petit le flic que j'étais.

Je me demande parfois pourquoi je suis devenue ainsi. Par épuisement professionnel à force d'être déçue ? Par perte de motivation à force de se heurter aux statistiques, à la course aux résultats ou encore aux incompréhensions d'une hiérarchie fébrile ? Par simple constat d'un écart trop important entre la réalité du terrain et mes idéaux ? Je cherche parfois la réponse, mais elle ne vient pas.

Je repousse mon fauteuil revêtu de skai gris, tout neuf, c'est la première fois de ma carrière que j'ai eu droit à un fauteuil neuf, et cela m'avait fait rire lorsque j'avais déballé ce siège de son emballage cellophané. Pour le reste, rien ne change, je cours parfois après un simple crayon à papier ou après des agrafes. Dès juillet, il n'y a plus rien en stock, budget dépassé nous dit-on, alors chacun a fait sa petite réserve qu'il garde précieusement au fond de son tiroir, pour les coups durs de fin d'année. Cela pourrait surprendre, cela pourrait même être ridicule, mais nous en sommes parfois là, à courir après des feuilles blanches et des stylos... on compte, on économise... c'est pitoyable, pathétique même. Triste police !

J'ai passé ma journée derrière un écran dont la lumière bleutée me pique les yeux à la tombée de la nuit. Non seulement j'ai perdu ma fougue d'antan, mais je suis en train de perdre ma vue à force de remplir des tableaux de statistiques qui n'intéressent que des bureaucrates cravatés, mais je fais mine de croire que c'est nécessaire et que cela doit apporter peut-être quelque chose, sinon je crois que j'en serais réduite à me demander si ma présence au sein de cette administration est encore utile.

Il est 17 h 00 et ce qui m'importe désormais c'est d'être à l'heure devant l'école maternelle de ma fille de 4 ans. En éteignant mon ordinateur je repense à ce jeune collègue de 22 ans, il s'appelait Pierre, il n'aura jamais d'enfant, et un sentiment de tristesse m'envahit, il avait la vie devant lui. Il n'aura pas d'enfant et il ne saura jamais que dorénavant, nous, policiers, nous donnons pour consigne aux nôtres de taire notre profession, de ne surtout pas la dire à leurs petits camarades de classe, de peur d'être pointés du doigt, de peur d'être démasqués... la peur a changé de camp. Le policier est une cible, il est un représentant d'un état que l'on ne respecte plus.

Je me souviens que dans mon enfance je regardais le policier avec respect, il incarnait pour moi l'autorité que je n'aurais jamais eu l'idée de mettre en doute. J'ai toujours choisi d'être le gendarme dans la cour de récréation au jeu « du gendarme et du voleur », et je me demande si aujourd'hui les petites têtes blondes gambadant dans les écoles primaires choisiraient avec enthousiasme la même option que moi. J'en doute.

Il est 17 h 00 et je quitte mon service, le cœur bien lourd. Je suis devenue une fonctionnaire, avant j'étais flic. J'aimais tellement cela !

LG

DÉGRINGOLADE

La fin, aussi curieux que cela puisse paraître, a un début, et j'ai souvenir de cet élément déclencheur de ma propre dégringolade. Ce fut un peu comme un starter, comme une fusée que l'on allume et que l'on regarde partir vers une direction inconnue, dans une trajectoire rectiligne. Je ne savais pas que la mienne allait me conduire vers un épuisement professionnel et un divorce de celle que j'avais aimée parfois plus que mes enfants. Je me revois perdre mon raisonnement et assister à une dégringolade programmée et précipitée vers les abysses de la solitude et l'incompréhension totale de ce que je vivais. Car il m'a fallu du temps pour comprendre que mon désespoir n'avait rien de personnel et que l'état vers lequel je glissais n'était que la conséquence directe de ce que j'avais enduré durant toutes ces années de police, ces années à côtoyer la misère et la désolation, la violence et la mort mais aussi l'ingratitude d'un système auquel j'avais pourtant adhéré pleinement aux prémices de ma carrière.

Que s'était-il passé au fil de ces vingt-cinq années ? Pourquoi avais-je glissé inexorablement ? Et comment l'avais-je fait ? Ces questions ne se présentaient pas à moi au moment où j'étais au plus mal. Ce n'est que bien plus tard, une fois soigné, que je me les suis posées, que j'ai enfin eu la force de le faire. Se les poser a été compliqué mais y répondre était colossal et il fallut que je prenne le temps, que je trouve la force pour le faire et surtout que j'échange longuement avec Laure pour enfin mettre des mots sur mes maux. Car la confrontation de mes idées et de mon vécu avec Laure a été bénéfique pour me permettre de mettre en évidence les mécanismes et la mécanique m'ayant poussé vers le fond.

La police, nous l'avons aimée tous les deux et ma dégringolade devait nous permettre à tous deux d'avancer et d'établir les bases d'une théorie, celle de la chute de ces policiers n'étant pas parvenu à résister à cette attraction de la mort. Alors, posément, nous avons commencé à écrire et à opposer nos textes pour les comparer et y trouver d'énormes similitudes notamment dans les mutations, les métamorphoses que nous n'avons pas comprises ou pas acceptées.

Car ma chute et les circonstances qui m'ont fait, à un moment de ma carrière, dévisser devait servir de base à notre nouvelle vision de l'institution. Et cela nous permettrait de comprendre ce qui avait changé en nous mais surtout dans la police.

La police, nous l'avons connue à une époque, pas si lointaine, où nous étions de vrais policiers autonomes, indépendants et avec une confiance en notre hiérarchie. Être flic, c'est aussi assurer des fonctions d'autorité et savoir prendre des décisions, pour ce faire il faut être en confiance et savoir que derrière nous tout un système est présent et prompt à se dresser pour défendre nos actions. C'est aussi cela qui a changé et qui s'est amenuisé pour finalement disparaître totalement au profit d'un déroulement de carrière et d'une crainte terrible, non dissimulée d'une chaîne hiérarchique encline à s'auto-protéger au détriment des flics de terrain que nous étions. Ce phénomène a marqué considérablement les esprits de ceux qui étaient encore de vrais flics, ceux qui croyaient encore à leur métier et à la cohérence de leur action. Ce n'était donc pas nous qui avions changé mais bien la hiérarchie et sa vision des policiers. Dès lors nous avions été lâchés et nous nous retrouvions face à des situations à gérer sans aucun soutien mais avec une énorme crainte d'être sanctionnés si ladite gestion ne correspondait pas aux attentes et pouvait contrarier les intérêts des hiérarques et des politiques. Il devenait extrêmement compliqué d'évoluer avec une telle épée de Damoclès sur la tête et la pointe acérée du glaive représentait une pression supplémentaire avec laquelle on nous imposait d'évoluer.

Moi, ce que je n'ai pas su gérer reste bien cette perte d'autonomie et d'assurance. De fait, c'est en moi que j'avais lentement perdu confiance et j'abordais mes dossiers avec énormément de circonspection m'empêchant de conduire ces derniers avec une lucidité et une compétence pourtant nécessaires et indispensables. Je devenais un équilibriste au-dessus du grand canyon sans être rattaché par un fil d'Ariane au filin protecteur.

Mais ce dont je me souviens restent les tiroirs de mon crâne et les tas de saloperies qui se vomissent dans un flot de hurlements, de sang et de misères. Lorsque je me remémore ma carrière je n'ai pas à fournir un gros effort pour me souvenir de chaque cadavre que j'ai découvert, de chaque larme que j'ai épongée sur un visage tuméfié ou encore de cet homme sur lequel j'ai fait feu une nuit de printemps ou d'automne. J'ai oublié le mois et la saison, mais je ne peux oublier le visage encagoulé et les claquements des deux balles que j'ai tirées sur cet homme. Ce que je sais encore aujourd'hui ç'est que je me félicite de ne pas l'avoir occis. Il n'a été que blessé. Ma carrière défile subitement et ces grands moments d'intensité resurgissent pour me claquer à la gueule et me rappeler les difficultés de ce métier. Je vais me poser et revoir le catalogue infect de ces situations sordides dans lesquelles j'ai baigné et qui ont contribué à me précipiter vers un épuisement professionnel. Je vais revoir aussi les arcanes et la lâcheté d'une administration incapable de préserver ceux qui ont choisi de la servir.

Pouvons-nous nous souvenir de ces instants passés, de tous ces instants vécus trente années après ? Je n'étais finalement qu'un gamin lorsque j'ai endossé l'uniforme. Ce qui vous marque profondément ne s'efface pas, cela demeure en vous comme un tatouage à l'encre plus que noire. De ce tatouage, mon corps en est recouvert, on pourrait y dénombrer les monstruosités vues tout comme l'ingratitude de cette garce, de cette femme nommée Police !

Alors que je m'apprête à poser le point final de ce chapitre c'est Laure qui m'informe qu'un dixième fonctionnaire de police vient de mettre fin à ses jours. Nous sommes le 27 janvier 2022, il est quinze heures cinquante minutes.

J'ai mal...

ML

DÉNOMBREMENT

Jeudi 27 janvier, j'ai pris mon après-midi pour être avec ma fille aînée, elle effectue son stage de Premières dans une concession Peugeot à la périphérie de Marseille.

Je l'aperçois au loin. Son visage est étrangement grave et son pas est pressé, elle monte dans la voiture et sans même déposer un baiser sur ma joue comme à son habitude, elle s'écrie « Maman, un dixième vient de se suicider, regarde... ». Sans attendre ma réaction, elle me plante son téléphone portable sous les yeux... il me faut quelques instants pour déchiffrer cette information, pour que ces mots arrivent dans mon cerveau et comprendre que c'est d'un collègue que ma fille me parle.

Le dénombrement fait le tour des réseaux sociaux, plus terrifiant qu'incompréhensible et même l'innocence de ma fille n'est pas épargnée. Avec ces nouvelles technologies qui ont émergé ces deux dernières décennies, les nouvelles générations sont au fait de tout, toutes les informations, même les plus sordides, sont à leur portée, elles n'épargnent pas ces jeunes adultes, à peine sortis de l'adolescence.

Ma fille n'a pas encore dix-sept ans mais elle a vécu mes états d'âmes et les désillusions qui se sont petit à petit installées au fond de moi, elle sait ce que j'ai tenté de faire, à mon échelle, elle a assisté à mes combats perdus et nous parlons ouvertement du mal-être des Policiers, ses deux parents sont de cette grande famille et son grand-père paternel était également des nôtres.

Nous ne parlons plus que de cela et je mesure l'impact et les dégâts collatéraux que ce métier engendre. Il ne touche pas seulement le Policier mais l'ensemble de sa famille, son partenaire, ses enfants, ses parents, tous sont témoins de ce qu'il traverse et tous savent qu'il change au fil des années passées à côtoyer cette misère et à n'avoir que très peu de soutien et de reconnaissance de celle qui l'a pourtant accueilli à bras ouverts à ses débuts.

L'horreur de cette nouvelle vient encore une fois me plonger dans un profond désarroi, les interrogations qui ne m'ont pas lâchée depuis lundi reviennent frapper à ma porte, comme pour me faire réagir, moi qui ne trouve aucune réponse. Je conduis et des images me viennent à l'esprit, je n'arrive pas à les chasser, j'imagine le corps sans vie de ce dixième collègue, un corps qui est venu s'écraser après cette chute vertigineuse, qui est venu frapper le sol dans un bruit sourd, un bruit étouffé devant le regard interdit des quelques collègues qui se trouvaient à ce moment-là dans la cour de cet hôtel de Police de Rennes. Je ne peux m'empêcher d'imaginer son corps gisant sur le parvis, et je croise presque les regards des collègues qui ont assisté à cette horrible chute. Je n'arrive pas à chasser cette image de mon esprit.

Ce dénombrement ne nous laisse aucun répit, nous devons réagir, nous devons tenter de trouver de véritables pistes, pas des petits sentiers se terminant dans des impasses, de vraies pistes, nous le méritons, nous, les flicards. Si l'administration nous a lâchés depuis des années et nous laisse orphelins, alors il nous faut trouver les solutions nous-même, tenter d'arrêter cette hémorragie qui se répand en nous. Nous sommes une famille et nous perdons nos membres, un à un.

Nous sommes le 27 janvier et le nombre dix vient d'être associé à cette date, je n'aime pas les mathématiques mais parfois j'arrive à faire des calculs et celui-là me glace le sang. Dix, c'est bien trop.

Je ne parle plus que de ça. Ma fille m'écoute, elle commente, elle a grandi en suivant mon parcours et en observant le changement qui s'est opéré en moi. Au début, j'étais si fière de lui raconter mon métier, mes journées, puis la fougue s'en est allée, elle est partie petit à petit, laissant place à une mélancolie. Aujourd'hui, je ne lui raconte plus mes journées, je ne veux plus lui en parler, j'ai tellement au fond de moi cette sensation que mes journées sont bien loin de ce que j'avais souhaité, de ce que j'ai connu auparavant. J'ai la sensation que ce n'est plus qu'un travail alimentaire, pour remplir mon réfrigérateur et payer mon loyer.

Il fut une époque où nous étions flics de génération en génération, nous avions souvent un membre de notre famille qui était collègue. Aujourd'hui, j'ai beau interroger autour de moi, personne ne conseillerait à son enfant d'embrasser l'uniforme, le métier n'attire plus, il a perdu de sa splendeur et je le comprends. J'y suis rentrée par vocation, j'ai toujours voulu être policier depuis l'âge de douze ans et je ne connaissais personne de ma famille qui était dans la « boîte ». Mais à mon tour, j'aurais peur si ma fille m'annonçait qu'elle souhaiterait suivre mes pas, je ne l'incite d'ailleurs pas à le faire, j'évite tout simplement de l'entraîner dans ce que je sais être une vieille chimère qui s'éloigne et s'étiole, un vieux rêve qui s'étire lentement avant de disparaître et de n'être plus qu'un lointain souvenir.

Je pense à celui qui vient de faire le choix de nous quitter, c'était un agent administratif d'une quarantaine d'années. Le malaise est général, c'est la Police au sens large qui est touchée, c'est la Police dans son ensemble et tous corps confondus, les actifs comme les administratifs... tous. Il n'y a aucune direction qui n'est épargnée, depuis le début de l'année, chacune déplore au moins une perte, la sécurité publique, les compagnies républicaines de sécurité, la police judiciaire, la police aux frontières, la gendarmerie, et ce fléau frappe le plus souvent ceux qui sont à la base, ceux qui côtoient la misère au quotidien.

Nous discutons souvent avec Marc de nos parcours, nous croisons nos regards sur ce que nous avons vécu chacun de notre côté, sur ce que nous avons vu et constaté, et surtout sur cette évolution de notre police que nous avons tant aimée, que nous aimons toujours autant. Nous échangeons et nous nous trouvons des points communs dans nos réflexions. Même si une décennie nous sépare, nous sommes identiques. Et pourtant, lui, il n'a plus supporté de voir ce changement, de subir cette métamorphose, moi, j'essaie de tenir et de croire qu'elle peut encore changer, mais aujourd'hui nous sommes tout deux las et nous sommes, depuis quelques jours, tourmentés. Nos échanges sont quasiment tous tournés vers ce triste constat. Je prends mon téléphone et je l'avise immédiatement, mais il ne répond même plus, il reste sans voix... je sais que nous aurons à nouveau une discussion tout à l'heure, je raccroche...

Dix... Ce nombre me renvoie à une réflexion sur les chiffres. Je crois que c'est quand notre institution a commencer à n'être plus que chiffres que j'ai commencé à m'éloigner d'elle, que j'aimais pourtant. C'est quand on a commencé à nous imposer des résultats chiffrés, quantifiables, que j'ai compris qu'elle n'était plus celle que j'avais connue et qui m'avait choyée. Elle devenait une comptable, ses yeux rivés sur des tableaux, des courbes, des statistiques... Les chiffres ont tout simplement anéanti mon innocence. Mais elle qui ne s'intéresse plus désormais qu'à ces chiffres, s'intéresse-t-elle au seul chiffre qui frappe fort dans mon esprit, celui annoncé chaque année dans un dénombrement macabre de ceux qui choisissent de nous quitter ?

Je ne le pense pas, elle fait mine de s'y intéresser mais seulement pour qu'on ne puisse pas lui en faire le reproche.

Aujourd'hui, les chiffres ont pris une place de choix dans notre institution. Je me souviens qu'il y a quelques mois, une collègue affectée en police secours est entrée dans mon bureau, les yeux rougis et ne retenant même pas les larmes qui coulaient le long de ses joues, elle aussi venait de comprendre que sa police n'était plus, que son idéal et ses illusions s'en étaient allés. Elle est affectée depuis de nombreuses années dans ce service. Celui qui effectue la plus noble des missions de Police, les premiers intervenants. Ceux qui arrivent toutes sirènes hurlantes quand le citoyen compose le 17, quand il y a une urgence et qu'il crie au secours. Ces policiers du quotidien sont les premiers garants de la sécurité publique et chaque jour ils sont confrontés à tous types de problèmes, de l'accident de la circulation à la découverte de cadavres en passant par les différends familiaux, ils gèrent tout. La nouveauté qui vient d'ébranler ma collègue est que l'administration, ou du moins les supérieurs hiérarchiques qui appliquent les directives venant d'en haut, leur demandent désormais d'établir au moins une amende forfaitaire délictuelle par jour, et gare à ceux qui ne respecteront pas cette consigne, il leur faudra établir un rapport circonstancié en précisant pour quelle raison ils n'ont pu remplir cette commande. Encore une fois, les chiffres prennent la place, s'installent même dans les missions des patrouilles de police secours, eux qui par essence doivent patrouiller en attendant l'appel au secours du citoyen en danger, comment vont-ils faire si, établissant une amende forfaitaire avec un consommateur de résine de cannabis, ils sont soudainement sollicités pour un différend familial ? Que vont-ils privilégier ? Leur mission première ou bien celle que la hiérarchie leur impose ? Vont-ils abandonner la rédaction de cette amende délictuelle pour voler au secours de leur concitoyen au risque de devoir établir un rapport circonstancié pour ne pas avoir rempli la colonne chiffrée ou bien s'acheter leur tranquillité et terminer la rédaction de cette amende ? Les dés viennent d'être pipés mais cela fait un moment que j'ai quitté la partie et jeté les quelques cartes que j'avais dans les mains, j'ai couché mon roi sur le damier. Echec et mat.

LG

LES CAUSES

D'aucuns ne pourraient imaginer les causes précises de cette vague de suicides au sein des effectifs de police. En effet, il semble que malgré les nombreuses initiatives lancées pour comprendre, appréhender, prévenir et résoudre les problèmes que rencontrent les fonctionnaires, ces derniers soient difficilement identifiables. Pour le commun des mortels et bien évidemment pour celui qui n'a jamais posé ses fesses à l'arrière d'un véhicule de police, les arguments sont simples – et simplistes parfois – puisque l'on associe bien trop souvent et aisément le malaise des flics au fait qu'ils côtoient en permanence la lie de la société et ce dont l'Homme est capable. Mais malheureusement ce n'est que par cet aspect-là que le malaise apparaît alors que bien d'autres paramètres entrent en considération. Les énumérer serait fastidieux mais je peux au moins dire que les causes sont structurelles, hiérarchiques, sociétales et bien évidemment administratives. Mais ce n'est pas tout car cette liste, loin d'être exhaustive, omet le manque de considération de toute une société pourtant a priori non hostile à l'autorité mais étant devenue suspicieuse quant à l'utilisation des forces de l'ordre devenues, aux yeux de la dite population, une machine à faire du chiffre.

De plus, il faut une fois encore comprendre ce qui se déroule dans le crâne d'un flic et mesurer ce sentiment de solitude face à une société ingrate et une administration muée en un monstre sans âme et évidemment sans cœur. Pour résumer : lorsque le flic rentre chez lui, il doit faire face aux monceaux de saloperies qu'il a gérés durant sa journée, à une hiérarchie obnubilée par les chiffres, au regard de son voisin et trop souvent au départ de son épouse n'ayant pas supporté de vivre avec un acariâtre transformé par sa profession et pensant que seuls son attitude et ses raisonnements peuvent empêcher la société d'être la proie d'une criminalité exponentielle. Le flic est donc bien seul comme peuvent l'être ces artistes se donnant la mort alors qu'ils sont au sommet de leur gloire. La comparaison peut surprendre, voire choquer, mais ce parallèle est fondé puisque à l'instar des artistes le flic bénéficie d'un certain confort de vie, d'un statut social et d'un salaire moyen respectable sans commune mesure évidemment avec les énormes droits perçus par les comédiens et chanteurs. Mais le mal-être peut être comparé en marchant sur des œufs et sans avoir l'intention d'offenser qui que ce soit.

En ce qui me concerne, j'ai pu comparer ce mal-être avant de mettre un terme à ma carrière alors que mon salaire était largement au-dessus du salaire moyen et que les revenus de mon foyer pouvaient me permettre de vivre aisément.

Malgré tout j'ai sombré dans un profond burn-out sans réellement comprendre comment et surtout pourquoi.

Pour analyser cette chute, il faut une fois encore remonter à l'origine de ma carrière et à ma perception du métier. Lorsque je débute, je suis plein d'idéaux et je ne doute pas que ma mission est noble. Par la suite j'ai déchanté en constatant que l'administration qui m'employait m'utilisait plus qu'elle ne me mettait au service du public, et que lorsque je me tournais vers elle je ne trouvais qu'un système inhumain composé de fonctionnaires lobotomisés incapables d'apporter une réponse à mes questions.

Mais au-delà de cela, il faut comprendre les métamorphoses du métier qui ont suivi précisément la courbe de celle de la société et notamment dans les domaines de l'individualisme et du je-m'en-foutisme généralisés qui ont largement contribué à changer la police pour la transformer en une armée de soldats démotivés reluquant avec pour seul intérêt une fin de mois et un net à percevoir.

Cela n'était pas le cas pour les gens de ma génération ou alors ce paramètre n'entrait pas autant en ligne de compte. Aujourd'hui, il semble être l'unique motivation des policiers.

Une fois de plus, je constate que la police a changé et ce sont évidemment ses propres membres qui en payent le prix lourd.

Alors comment expliquer qu'aujourd'hui la majorité des flics ne se rendent plus dans un commissariat pour y remplir une mission et encore moins, comme je l'ai fait, pour y prendre du plaisir, mais comme s'ils allaient à l'usine avec en plus la boule au ventre d'être sermonné par les chefaillons, la peur d'être filmé par les voyous puis d'être diffusé largement sur les réseaux sociaux et devenir la cible d'une certaine presse et d'une multitude de responsables politiques notamment en période de campagne électorale ? Ce n'est qu'un tour rapide des claques que prennent les policiers chaque jour et qui lentement savonnent la planche sur laquelle ils ont pris place.

Mais entrons un peu plus dans le fonctionnement intrinsèque de notre police nationale pour aller chercher au plus profond des commissariats miteux les causes qui poussent ces flics à se tuer.

Entre le 1er janvier et le 1er juin 2022 ce sont trente policiers qui ont choisi de se donner la mort. Les médias en parlent pour évoquer une profession difficile et des conditions de travail compliquées sans qu'aucun journaliste ne puisse non plus donner les vraies réponses à ce mal-être. Pourtant ils en parlent, ils en font des tonnes même puisque la presse papier prend le relais en évoquant des problématiques personnelles sans jamais, à mon sens, que les flèches tirées par ces journalistes ne parviennent à atteindre la cible ou du moins leur centre. Pourquoi tournent-ils autour du pot et pourquoi ne vont-ils jamais au fond des choses ? Pourquoi cherchent-ils dans la vie privée ?

Simplement parce que cette problématique ne se limite pas à des conditions d'exercice complexes ou à une gestion quotidienne de ce que la société peut générer de pire.

Ce qui mine le policier, c'est bien la considération que sa propre hiérarchie lui porte. Cette perte de corporatisme est directement induite par le fait que la police n'est aujourd'hui qu'un échantillon représentatif de notre société où règne l'individualisme. Alors que ces bases sociétales se mettaient en place elle n'a pas su ou pu y résister et a délaissé jusqu'à le perdre le protectionnisme qu'elle offrait à ses policiers. Jadis la police était « la grande maison » voire « une grande famille », elle n'est aujourd'hui qu'un ramassis d'individualistes.

Alors, bien entendu, les autres paramètres entrent dans la danse et impactent directement les fonctionnaires ne parvenant plus à gérer leurs problèmes personnels et ceux de la population en détresse. Tout se mélange dans les crânes policiers pour donner une sorte de magma infect conduisant à la méthode la plus radicale : le suicide !

Je vais au plus court pour démontrer que bien des causes interviennent dans le mal-être policier mais que certains paramètres pèsent beaucoup plus lourd dans la balance. Ainsi, si je compare avec une époque révolue, notamment celle d'il y a une vingtaine d'années, je constate aisément cette énorme différence de mentalité tout comme je peux la remarquer dans ma rue ou au sein d'une association sportive. La solidarité est une chose désuète, mais elle était un ciment dans la police et notamment elle aidait les flics à affronter différemment les difficultés du métier. L'essence même du métier de policier est de côtoyer l'abject et de mettre plus que les pieds mais aussi les mains dans la merde, cela tous les flics de toutes les époques l'ont connu et ont su le gérer. Ce qui est intéressant c'est bien donc de comprendre pourquoi cela est devenu ingérable. Nous allons tenter de l'expliquer.

ML

LA NAUSÉE

Nous sommes le dimanche 30 janvier, comme à notre habitude, nous nous réveillons tôt, bien avant que le soleil ne se lève.

Nous aimons tous les deux ce moment si particulier lorsque tout semble endormi, nous profitons du lever de soleil et nous échangeons sur les actualités du moment. Le plus souvent l'écran de télévision est allumé seulement quelques minutes, mais aujourd'hui, nous n'arrivons pas à l'éteindre. Aujourd'hui nous ne parvenons pas à comprendre si nous sommes dans la réalité ou bien si nous dormons encore, si tout ceci n'est qu'un mauvais rêve. Nous ne disons rien, nous sommes figés sur notre canapé, nos regards fixés sur ces images qui défilent. Nous sommes le 30 janvier et nous venons d'apprendre qu'un nouveau collègue venait de nous quitter. Durant cette nuit, ce major de police de 55 ans au commissariat d'Herblay dans le 95, marié et père de famille, a retourné son arme de service contre lui.

Les intervenants défilent sur le plateau de télévision, chacun donne sa petite idée sur les causes et avance des solutions sans vraiment avoir l'idée de ce qui se passe réellement au sein de notre corporation. Entre les phrases toutes prêtes qui sonnent faux, les solutions qui ressemblent à de la poudre de « perlimpimpim » en passant par le décorticage de notre société et des personnes qui la composent qui changent depuis des années, nos cerveaux ne semblent retenir qu'une seule chose : 11. Nous sommes à 11 et j'ai la nausée.

Dans un élan, nous saisissons ensemble la télécommande et éteignons cet écran, nous ne supportons plus d'entendre ce flot de paroles. Il nous faut encore quelques minutes avant d'échanger, nous ne voulons pas rester sans rien faire, lui comme moi, nous ne supportons pas de rester sans réaction.

C'est un dimanche particulier qui ne s'arrêtera pas à ce onzième suicide, ce soir, un douzième retournera également son arme de service contre lui. Il avait 50 ans, il était brigadier-chef et était affecté à la Police aux Frontières de Roissy.

Je reprends le chemin vers le commissariat dès le lendemain, mais je repense à cette semaine meurtrière, l'année dernière ils avaient été 32 à s'être donné la mort, c'est déjà bien trop. Nous sommes le dernier jour de ce premier mois de l'année 2022 et le compteur de ce sombre véhicule conduit par une administration aveugle est déjà à douze.

Les chaînes d'informations martèlent que le Ministre de l'Intérieur a pris conscience de ce début d'année sanglant et propose des solutions : un numéro d'appel d'urgence et une cellule de psychologues qu'il compte renforcer. Je ne sais quoi penser de ces annonces semblant satisfaire un ministère dépassé. Ils ont également précisé qu'ils allaient prendre attache auprès des différentes associations qui se sont créées depuis quelques années pour répondre aux défaillances de notre institution, des associations qui ont émergée pour la plupart sur les réseaux sociaux, des associations indépendantes des syndicats qui sont nées du courage et du dévouement de mes pairs, désintéressés et animés par une seule chose : vouloir que ce chiffre se réduise, que ce mal-être s'amenuise dans nos rangs. Je les admire. Alors le ministère répète qu'il va s'appuyer sur ces associations qui ont pallié les carences de cette administration semblant découvrir la situation qui pourtant n'est pas née d'hier, les signaux d'alarme n'ont jamais cessé d'être tirés au sein de nos rangs, mais il n'y a jamais eu aucune réelle prise de conscience et aucune remise en question.

Je marche mais mes pas sont lourds. Je rejoins les miens, ceux qui connaissent les difficultés, ceux qui pourraient parler durant des heures sur ces plateaux de télévisions où défilent depuis une semaine des intervenants que l'on nomme « experts » mais qui pour la plupart n'ont même pas passé une seule heure dans un de nos véhicules de police miteux.

Je prends mon premier café avec mes collègues du bureau judiciaire, dans ce commissariat c'est un groupe qui traite du « petit » judiciaire, enfin en théorie, car depuis quelques mois et faute de renfort, faute de moyens, ils croulent sous les dossiers. Avec un portefeuille grandissant, ils se sentent oppressés et chaque lundi, le chef de groupe remplit leurs casiers de nouveaux dossiers et chaque lundi les enquêteurs pestent en découvrant leurs casiers dégueulant de nouvelles affaires.

Je me souviens de cette sensation. Après ma première affectation à Saint-Denis, j'avais obtenu ma mutation pour Tarascon, une petite ville des Bouches-du-Rhône. J'avais repris un cycle de police secours et de nuit avant de postuler pour la Brigade de Sûreté Urbaine, c'était en 2005, j'étais enceinte de mon aînée et j'avais obtenu quelques mois auparavant ma qualification d'Officier de Police Judiciaire.

Je me souviens particulièrement d'un matin où j'ai senti que tout basculait. C'était un matin comme les autres, nous n'étions que cinq dans le groupe de cette BSU de province, cinq gardiens de la paix et un Officier, un capitaine de Police, qui nous chapeautait. J'étais dans un groupe chargé de traiter les affaires judiciaires transmises par le procureur de la République. J'avais intégré ce service après mon passage en police de proximité. J'avais travaillé comme une acharnée, sans n'avoir pourtant aucune pression de ma hiérarchie de l'époque. J'en avais tout simplement eu envie, je me sentais bien. Lorsque j'étais partie un an et demi plus tard, je n'avais laissé à mon successeur qu'une centaine de dossiers malgré les attributions mensuelles permanentes, j'avais la sensation d'avoir simplement accompli ma tâche et ce, encore une fois, sans aucune pression, ni de mon chef de groupe, ni de mon officier et encore moins de mon Commissaire Divisionnaire. Là, dans ce commissariat de Tarascon, j'avais à peine soixante dossiers, soit dix fois moins qu'à Saint-Denis, mais ce matin-là restera à jamais gravé dans ma mémoire. Nous étions autour de nos tasses fumantes de café, nous parlions de banalités lorsque notre Officier s'est présenté à nous en poussant la porte de notre salle de repos improvisée dans le bureau dévolu aux archives, un large sourire au visage et quelques feuilles A4 à la main.

Il s'est avancé vers nous, nous coupant dans nos conversations joviales, lui, pourtant emprunté et timide d'ordinaire. Les yeux brillants et avec une voix excitée comme un enfant venant de résoudre une équation basique de mathématiques, il s'est adressé à nous en nous distribuant des feuilles noircies par un tableau où étaient tracées des courbes de différentes couleurs.

Il venait nous annoncer que dorénavant nous allions devoir remplir des quotas et notamment des placements en garde à vue, il fallait atteindre un chiffre mensuel et surtout sortir des comptes-rendus d'enquête avec des faits élucidés, il fallait faire des chiffres, être rentables en somme. Des petites courbes colorées nous rappelaient le travail du mois en cours en bleu et l'objectif mensuel que nous devions atteindre en rouge. Notre Officier, d'un geste vainqueur et ne laissant pas la place à nos quelconques observations, afficha cette feuille au-dessus de notre machine à café vieillissante, il placarda cette nouvelle directive avec quatre punaises dorées, brillantes, toutes neuves comme cette nouvelle politique. Je me souviens avoir longuement posé mon regard sur ces bouts de métal dorés et m'être interrogée pour savoir si ces quatre attaches lui avaient été fournies en même temps que ces inepties, car leur couleur rappelant les dorures des salons feutrés de la rue de Place Beauvau me donnait la nausée. J'étais enceinte mais ce n'était pas pour accoucher d'une merveille que cette nausée venait en moi, c'était pour rejeter cette feuille noircie que mon corps refusait d'ingérer. La police chiffrée naissait pour moi ici, dans cette salle d'archives, je venais d'assister à un accouchement, celui d'une police qui allait balayer petit à petit mes idéaux.

Devant nos regards interloqués, notre Officier se retourna vers nous et nous jeta, tel Napoléon victorieux sur un champ de bataille, « c'est du gagnant – gagnant ». Je me souviens encore de cette phrase qui raisonne dans ma tête quinze ans plus tard. C'est du « gagnant – gagnant », une phrase qu'on lui avait peut-être suggérée dans le mail qu'il avait dû recevoir pour mettre en place ce nouveau stratagème. Ainsi nous devions acheter notre tranquillité en remplissant le contrat placardé, ainsi notre Officier serait tranquille et « tout irait pour le mieux dans le meilleur des mondes », comme l'aurait dit Pangloss dans *Candide.* Mais je n'étais pas dupe, je savais qu'ici naissait la police que j'allais ensuite détester, à cet instant je regrettais amèrement ma police dionysienne.

Les semaines suivantes furent difficiles, je m'érigeais en bastion, en rempart, je voulais conserver ma police, je voulais faire front, je refusais ces directives, je refusais leur mises en application, tant pis si cela me valait les foudres de ma hiérarchie et de quelques collègues déjà complices de cette sale politique, je trouvais cela grotesque.

Quelques mois plus tard, j'assurais une permanence week-end pour le district d'Arles. J'étais donc l'Officier de Police judiciaire pour les communes d'Arles et de Tarascon. Le lundi matin, après un week-end chargé, après avoir géré seule une découverte de cadavre, des gardés à vue pour des délits différents et des feux de poubelles, j'avais reçu l'appel de la commissaire principale du district. Furieuse, presque hystérique, elle me reprochait de ne pas avoir placé en garde à vue le samedi soir à 21 h 00 un jeune homme de 15 ans pour consommation de produits stupéfiants. J'ai eu beau tenter d'apaiser cette comptable et lui indiquer que le délinquant en question avait été auditionné par mes soins le lendemain, qu'il était primo délinquant avec des garanties de représentation, que ses responsables légaux étaient venus le chercher au service et me l'avaient donc représenté, qu'il avait reçu un rappel à la loi par le magistrat de permanence, rien n'y faisait, Madame la commissaire hurlait de l'autre côté du combiné et pour cause... il lui manquait un bâton, il lui manquait une garde à vue pourtant facile à faire me martelait-elle, je n'y mettais pas du mien, je n'étais pas un bon petit soldat, j'avais oublié la phrase magique « gagnant-gagnant »... Je l'ai alors laissé hurler quelques minutes, le combiné posé devant moi, je n'écoutais même plus ce flot de paroles insensées puis j'ai repris le combiné et je lui ai raccroché au nez en prenant le même ton, après tout, je n'allais pas me gêner non plus, et en lui spécifiant que seule mon autorité judiciaire pouvait me reprocher ce non-placement en garde à vue, pas une autorité administrative, tout commissaire qu'elle était.

Le jour même, je postulais pour devenir formatrice en école de police, peut-être que là-bas je serais utile pour défendre Ma police, pas celle que l'on tentait de m'imposer.

Alors ce matin, en prenant le café avec mes collègues de ce groupe judiciaire, je ressens leur lassitude. Je les regarde, ils sont épuisés et le moral est au plus bas. Je pense à ce collègue qui a laissé son bureau vide il y a plus d'un an de cela, il avait montré quelques signes avant de prendre la décision de s'arrêter pour « *burn out* », il ne supportait plus la vue de ses dossiers qui s'entassaient au fur et à mesure que les jours, que les semaines passaient, il ne supportait plus ses collègues, même les plus proches, il s'était enfermé dans la contestation, dans la colère, il nous alertait simplement de son état, mais nous l'avons laissé partir sans tenter de le comprendre. Il y a quelques mois, j'ai appris que la hiérarchie avait décidé de le déplacer, il serait affecté, si un jour lui prenait l'envie de revenir, au pôle plainte et de nuit. Lui, père d'une petite fille à peine plus jeune que la mienne, on avait ainsi décidé de le déplacer de ce groupe judiciaire en régime hebdomadaire à un groupe d'enregistrements des plaintes, de nuit et en régime cyclique, l'opposé, le grand écart de ce dont ce père de famille avait besoin. Visiblement, cela n'émeut personne. Il n'a bien évidemment pas repris son service, je pense à lui aujourd'hui, il n'y a pas que ceux qui nous quittent en s'ôtant la vie, il y a aussi tous ceux qui nous quittent d'épuisement, tous ceux qui démissionnent, fatigués, tous ceux ayant atteint ce point de non-retour sans que personne ne s'en soit soucié et surtout pas la première garante qui devrait le faire, la hiérarchie.

LG

ONZE

Nous sommes le 30 janvier et la litanie se poursuit. Ce matin un onzième flic à mis fin à ses jours.

Je reprends l'écriture en m'interrogeant sur le bien fondé de cet ouvrage et sur son utilité. Nous n'avons pas encore noirci une centaine de pages que déjà onze des nôtres ont décidé d'en finir, je me demande si cela va un jour cesser, si les flics vont comprendre et si leurs autorités vont mesurer le gouffre qui les sépare de cette bien triste réalité. Je garde espoir, même modeste, de parvenir à nos fins, à savoir aider, encore aider et toujours aider les policiers en difficulté psychologique. Alors certains demanderont pourquoi ce livre, a-t-il une utilité et n'est-ce pas une cause perdue ? Ils affirmeront que depuis tant d'années les flics mettent fin à leurs jours sans que cela ne cesse et que d'autres professions sont aussi impactées par ce phénomène. Bien évidemment, nous n'ignorons pas cela mais nous sommes flics et nous pensons que l'État doit aussi protéger ses fonctionnaires et cette passivité chronique nous heurte énormément. Alors pour réagir et aider nous prenons la plume et tentons de coucher sur le papier ce que nous avons connu, ce que nous connaissons malheureusement encore.

Cette annonce d'un douzième suicide de policier me fait bondir de ma chaise et provoque en moi une colère mêlée à une puissante nausée. Je constate que ceux qui vont dénigrer notre ouvrage ne se trompent peut-être pas ou que notre projet est voué à l'échec, qu'il n'empêchera pas un seul suicide. Le doute m'envahit, il est persistant et il faut que je cherche au plus profond de moi une motivation pour écrire.

Flic, je ne le suis plus depuis neuf années et même si à la fin de ma carrière j'ai connu le fond du trou, même si j'ai fréquenté de très près le malaise que connaissent les policiers aujourd'hui, je me suis reconstruit et cette ultime phase est passée par une démission et surtout par l'écriture. Je peux l'affirmer, c'est bien l'écriture et les médias qui m'ont sauvé la vie. L'écriture parce que j'ai pu mettre dans mes livres mes colères et les raisons de mon désarroi ; les médias parce qu'ils m'ont permis de le dire à des millions de personnes et de le crier devant des caméras de télévision. Non pas que cela m'ait apporté la gloire, mais cela m'a permis de porter ma voix haut et fort afin de la faire entendre au plus grand nombre, et de l'efficacité de cela je n'en ai jamais douté. Alors je reprends l'écriture, et aux côtés de Laure et de son expérience je sais que ce texte peut avoir le même effet, ce livre peut encore participer au sauvetage de policiers en détresse.

Car ce que nous savons est important, ce que nous maîtrisons est factuel et vrai. En effet, nos carrières nous ont permis de nous confronter aux causes des suicides et ce n'est pas au travers de grandes réunions données sous les ors de la République que nous relatons ce phénomène de suicides. Non. Nous nous le faisons de manière simple et concrète en dénonçant ce qui se passe dans les commissariats et dans les têtes des policiers malades d'avoir tant donné à une administration sans cœur et sans âme.

Mon chapitre s'intitule « onze » et pourtant nous en sommes déjà à douze. J'en ai assez de compter, de totaliser ces femmes et hommes ayant souhaité partir sans donner les clefs de leur mort, sans expliquer comment ils en sont arrivés à ce stade. S'ils ne l'ont pas fait c'est que peut-être ils ne connaissaient pas les vraies causes de leurs suicides ou sans doute ils ne savaient pas les exprimer. Alors, moi, je tente d'entrer dans leur tête car je prétends savoir ce qu'il y a et dans quel recoin se cachent leurs secrets. Leurs secrets ne sont pas bien gardés, ils sont connus de tous les flics mais ils restent dans les méandres de chaque cerveau par peur d'être étalés en place publique.

Reconnaître ses faiblesses n'est pas une forme de courage dans la police, cela reste tabou et celui qui reconnaît être à bout, au point de ne plus pouvoir poursuivre est mis au pilori par la hiérarchie puis par ses propres collègues. Il connaîtra le désarmement qui reste un choc pour un policier puisqu'il prouvera aux yeux de tous qu'il n'est plus apte à porter une arme dangereuse pour lui-même et les autres, surtout les autres. Il connaîtra l'opprobre des policiers se targuant de ne pas craquer alors qu'eux-mêmes sont aussi au bord du gouffre, il croisera les regards moqueurs et ceux encore plus blessants de la hiérarchie ne pouvant plus compter sur cet effectif. Le malaise qu'il connaît sera occulté, seules resteront l'indisponibilité et l'incapacité à rapporter du chiffre.

Aux yeux des autres flics il sera le dépressif et sera banni jusqu'au jour où l'annonce de son décès brutal fera son entrée dans les services, laissant ses collègues stupéfaits. Quelques uns comprendront ne pas lui avoir tendu la main par peur que son mal soit contagieux ou par crainte que le patron apprenne cette amitié et qu'ils y soient associés. Alors, très vite, les consignes seront données de taire les conditions de travail et les propos seront toujours les mêmes, vides, insipides et sans aucun intérêt.

Pas une seule fois on ira du côté de la hiérarchie afin de s'interroger sur les conditions d'exercice du fonctionnaire décédé, aucunement on cherchera des coupables dans les hautes sphères. On préférera regarder la vie personnelle du policier en espionnant le côté sentimental ou financier sans jamais s'interroger sur l'impact que son métier pouvait avoir sur lui et sur sa personnalité. Il sera honoré lors d'obsèques officielles durant lesquelles l'ensemble des policiers égrèneront la longue liste des suicidés comme pour imposer la solennité sans chercher à comprendre les raisons profondes de ces passages à l'acte.

Dans les rangs de ceux qui auront survécu, de ceux qui auront aussi travaillé aux côtés du suicidé, aucun ne réalisera que lui aussi est prêt à sombrer et peut-être à placer le canon de son arme dans sa bouche pour se faire sauter le crâne. Reconnaître sa propre désillusion et son propre désespoir reste vraiment une honte pour un flic. Alors ils continueront comme si de rien n'était et en faisant semblant de croire qu'il n'y en aura plus, que cette liste, pour cette année, est terminée. Mais au plus profond d'eux-mêmes ils savent que le prochain sur la liste peut être n'importe lequel d'entre eux...

Alors le douzième vient de tomber sans que personne, sinon les réseaux sociaux, ne soit perturbé. La vie continue, celle de la police aussi d'ailleurs.

Allez il faut que j'y aille, il faut que je vous fasse entrer dans les boîtes crâniennes de ces policiers se trouvant au plus mal. Vous allez voir comment le cerveau d'un flic est fait, comment il est constitué à force de subir ce que son administration lui fait vivre, ce qu'elle lui impose.

Ce cerveau est biscornu, tordu à souhait et c'est bien là dans ces alcôves que se cache ce qui le fait craquer, ce qui le pousse à vouloir en finir. Je ne suis ni médecin légiste, ni psychologue, mais nul besoin de l'être pour démontrer et comprendre ce que vivent les policiers aujourd'hui et ce qui les accule, jusqu'à les rendre inefficaces juste avant qu'ils ne se suicident.

Je vous prends par la main et je vous invite à me suivre dans cette analyse d'un cerveau malade de flicard au bord du suicide, et cela n'est pas une mince affaire...

ML

SUICIDEZ-VOUS !

Nous sommes le 3 février 2022, dans trois mois l'élection présidentielle aura eu lieu, nous aurons un nouveau visage ou bien celui que nous connaissons depuis cinq ans, mais peu importe pour le moment, car nous sommes le 3 février et aujourd'hui la question sur le malaise au sein de l'institution policière est au centre de toutes les discussions, de tous les programmes des candidats à l'investiture suprême, mis à part Monsieur Mélenchon qui va de plateau en plateau déversant sur qui veut bien l'entendre sa haine assumée envers les forces de l'ordre.

À midi, je serai devant mon écran d'ordinateur, je ne veux pas manquer le rendez-vous, quatre candidats vont répondre directement aux questions des policiers, une première. Un débat intitulé « Les candidats face à la réalité des flics ». Du jamais vu, à la demande d'un syndicat de flicards ils vont répondre directement aux questions des policiers. J'espère que ce débat sera à la hauteur de mes espérances.

En attendant, je suis dans un véhicule sérigraphié avec mon collègue de bureau, nous arpentons les rues de notre secteur, forcément le débat à venir est au cœur de notre discussion du jour. Nous n'avons pas été épargnés ces dernières années, c'est certain, comme beaucoup de corporations, comme beaucoup de professions, nous avons traversé bien des épreuves et la France en est sortie épuisée, les Français en sont sortis fatigués.

Avant d'être Policiers, nous sommes tous des hommes et des femmes de cette société que nous tentons de défendre, corps et âmes, et nous sommes donc épuisés également.

Je vois défiler des images, des images de ces années difficiles qui viennent de s'écouler, et un épisode m'a profondément marqué. Je revois cette phrase inscrite à la bombe sur les murs, même pas dans les quartiers sensibles comme on a pourtant l'habitude d'en voir, même pas dans les bouches de métro ou sur les plexiglas des abribus, non, une phrase ignoble inscrite sur les murs des façades d'immeubles en centre-ville et même devant une école publique d'un quartier pourtant jugé tranquille. Cette phrase a été prononcée lors de manifestations, même pas une phrase d'ailleurs, une injonction. Elle a été scandée, hurlée, jetée à la figure de nos collègues en maintien de l'ordre, « suicidez-vous » leur demandait poing levé une foule haineuse, « suicidez-vous » répétait cette même foule qui les avait embrassés quelques mois auparavant lors des attentats de 2015. C'est en criant cette injonction que cette même foule nous demandait maintenant de retourner notre arme contre nous. Que devait-il se passer dans la tête de mes collègues lorsqu'ils entendaient leurs concitoyens leur suggérer de se suicider ? Quelle devait être leur idée à ce moment-là ? Eux qui se retrouvaient loin de la chaleur de leurs foyers, loin des leurs, en déplacement dans des cantonnements miteux remplis de punaises de lit, eux qui étaient debout depuis des heures pour garantir le maintien de l'ordre public, pour garantir la protection de ceux qui se présentaient devant eux aujourd'hui ? Comment prenaient-ils cette injonction lancée par ceux qui leur faisaient face avec cette haine du bleu marine, avec ce rejet de leur police et de tout ce qui représente l'État, cette haine même pas dissimulée, même pas voilée, complètement assumée ? Sans avoir la prétention de détenir la vérité, je pense qu'au fond d'eux, un profond désarroi a dû les envahir à cet instant, une désillusion si forte qu'ils devaient avoir bien du mal à tenir leurs boucliers, leurs bras devaient leur sembler bien lourds.

Même cette injonction n'a pas suffi à faire prendre conscience à nos dirigeants qu'elle plongeait toute une corporation dans un profond malaise. Même ces images et ces murs tagués n'ont pas suffi à bousculer les lignes, quelques voix se sont élevées et tout est redevenu comme avant, sauf dans les esprits des collègues qui ont certainement la même image en tête et la même injonction : « suicidez-vous ».

Nous sommes dans ce véhicule sérigraphié, un des véhicules qui affiche plus de deux cent mille kilomètres au compteur. Les sièges sont éventrés par l'usure du tissu et dégagent une odeur de moisissure qui s'accentue les jours de pluie. Par chance, aujourd'hui le ciel n'est pas à l'orage, quelques voyants oranges s'allument sur le tableau de bord sans que cela ne nous perturbe, nous en avons l'habitude. Nous patrouillons en discutant de choses et d'autres mais la conversation revient souvent au point de départ, l'ambiance générale qui s'est dégradée depuis quelques mois, et qui s'est maintenant installée durablement : chacun est dans son bureau, cloisonné et les seuls moments de convivialité partagés démontrent tous que le moral des troupes est au plus bas.

Comment en est-on arrivé là ? Pourquoi cette belle solidarité promise s'est délitée, qu'avons-nous manqué ? Je pense soudainement à la solitude de certains d'entre nous, ceux que l'on voit sombrer mais que l'on n'arrive pas à retenir et qui se suicident sans s'en rendre compte, petit à petit, en ingurgitant des litres d'alcool ou en s'injectant des paradis imaginaires, dans les veines ou dans le nez, pour oublier leurs difficultés.

Je revois le visage de ce collègue à peine quadragénaire chargé de la gestion du matériel. Je n'étais pas là depuis assez longtemps pour savoir qu'il avait fait un stage au château du Courbat dans le centre de la France, un centre géré par l'ANAS (association nationale d'action sociale) qui reçoit les collègues en addiction ou en burn-out, qui les prend en charge et qui tente de leur apporter soutien et aide. Un centre que je connais bien à présent pour avoir été membre du bureau national de l'Anas et même Vice-Présidente nationale de cette association, des titres que je ne veux pas mettre en avant car j'ai un sentiment d'échec pour ne pas avoir réussi à faire en sorte que nos collègues aillent mieux. Je sais ce que j'ai tenté de faire et je sais combien certains murs sont infranchissables et certains chemins bien trop tortueux et semés d'embûches pour se laisser emprunter, je dis bien emprunter, même pas traverser.

Alors, dans ce véhicule conduit par mon binôme, je pense à lui et à sa fin. Lui aussi avait baissé les bras, il avait choisi d'oublier ses difficultés dans l'addiction, dans l'alcool, il avait choisi de noyer ses problèmes. Nous le savions pourtant, chacun le voyait chaque jour, nous avons tenté de l'aider, de le sortir mais rien n'y a fait. C'est son fils d'à peine 15 ans qui l'a découvert un après-midi, allongé dans son lit, faisant la sieste après un énième repas arrosé.

Son cœur n'a plus supporté ce rythme qu'il s'était imposé et il l'avait lâché, un peu comme l'administration l'avait également lâché en ne tentant pas de prendre en compte son désarroi, en ne s'en souciant même pas. On l'avait remisé dans un placard dans lequel il se sentait peut-être à l'étroit. C'est une autre forme de suicide, moins brutal mais tout aussi fatal. Il s'est suicidé dans sa détresse, dans sa chute vers cette addiction, il a sombré.

Nous rentrons juste à l'heure, j'allume mon écran, le débat débute, j'ai hâte.

LG

COURAGE OU FAIBLESSE

Des autopsies, j'en ai vu…

Je sais ce que c'est et je ne vous imposerai pas d'en voir une, d'y assister en tant qu'officier de police judiciaire ou même en tant qu'observateur égaré dans une salle prévue à cet effet. Non, je ne souhaite à personne d'assister à ce type d'opération et heureusement car pour aller fouiller dans le crâne des policiers en difficulté nul besoin d'ouvrir leur boîte crânienne et ceux qui l'auraient cru en lisant mon précédent chapitre n'ont pas saisi la métaphore ou ne maîtrisent rien du malaise de la police.

Car, voyez-vous, en premier lieu ce type de missions incombant aux policiers contribuent à les faire glisser sur une planche déjà bien savonnée. Ceux qui ont assisté à une autopsie peuvent mesurer l'impact que peut avoir cette opération sur le mental des policiers non préparés. Mais au-delà de cela il y a le quotidien ordinaire du flic. Entre la gestion des conflits des autres, de la population et de ses comportements violents et ubuesques, l'administration de situations trop souvent inextricables et la gestion de ses propres problèmes personnels, le flic est esseulé face à ce monceau de phénomènes lui tombant sur la tête. Sa position est extrêmement délicate et cela reste un doux, un très doux euphémisme puisque je peux affirmer qu'elle est insupportable et le serait pour beaucoup de citoyens aujourd'hui installés dans leurs fauteuils pour juger, devant un écran de télé, des images bidonnées d'une action policière à laquelle eux-mêmes seraient incapables de participer. Mais il est vrai que seuls les flics vont être confrontés à la violence et dès lors il leur appartient de mener à bien les missions qui leur sont confiées par un état défaillant pour sauver une société moribonde dans un état vacillant au bord d'un gouffre aux fonds abyssaux.

Alors avant même d'ouvrir virtuellement les os pariétaux des policiers, je m'interroge afin de savoir si se faire éclater la tête est un geste de courage ou si fuir un réalité bien difficile est d'une extrême lâcheté !

Je dois avouer que je n'ai pas la réponse et que je n'ai nullement envie ni besoin de me lancer dans des théories philosophiques ne faisant pas avancer le débat et ne servant qu'à égarer le lecteur dans des circonvolutions littéraires dont le seul but est de faire accoucher la montagne d'une souris pendant que les flics mettent fin à leurs jours. Mais je me demande encore si vous êtes prêts à lire ce qu'est le vrai quotidien d'un policier. Je souhaiterais savoir si ce que nous allons écrire correspond à ce que vous savez déjà ou si ce que vous allez découvrir ne va pas vous faire sombrer dans un état dépressif par le seul fait de réaliser ce que le policier subit, ce qu'il endure et que tout cela est fait pour honorer la noble cause qu'est la défense des citoyens et notamment des plus nécessiteux. Car la police a, n'en déplaise à certains, un aspect social non négligeable. Ses missions de défense du plus vulnérable sont les plus honorables. Malheureusement elles semblent quelque peu détournées de leur vocation première par une politique abjecte du chiffre et par une hiérarchie lâche et inhumaine. Pourtant ces missions de service public sont bien souvent l'unique motivation des jeunes recrues. Le pendant de cela demeure dans le constat que font ces mêmes jeunes policiers en prenant la mesure de leur incapacité à répondre aux attentes basiques de cette population en détresse. Très vite, dans les premiers mois de leur carrière, ils vont comprendre l'inadéquation entre leurs idéaux, ou tout au moins leurs souhaits de servir, et la réalité d'une situation ingérable et celle des objectifs à atteindre sous peine de sanctions. Le début du raisonnement altéré se fait bien souvent dans la première année. Mais voilà les choses sont malheureusement beaucoup plus complexes que cela. Accomplir sa mission de la façon dont les policiers se l'étaient imaginée reste une gageure puis un rêve avant de devenir une mission impossible engendrant réflexions, doutes et enfin certitudes de n'être que de simples pantins articulés dont l'administration tiendrait les ficelles pour les faire danser au gré des variations politiques et des échéances électorales.

Ce choc est vécu par l'ensemble des policiers alors que peu d'entre eux parviennent à l'identifier rapidement. En effet, c'est lorsque le doute s'installe que les idées s'embrouillent pour ne plus permettre à ces valeureux fonctionnaires de parvenir à distinguer le bien du mal.

Voilà donc une première approche d'un cerveau policier atteint par une première pathologie, celle du constat d'échec et des premiers doutes sur l'intérêt d'avoir passé ce concours. Pensaient-ils n'être que des fonctionnaires réduits au néant face à un colosse de la délinquance leur faisant allégrement un immense bras d'honneur avec la complicité implicite de toute une hiérarchie ?

Qu'en est-il du suicide des très jeunes policiers, non encore usés, mais déjà préférant la mort à l'expérience de leur profession ?

Ces dernières semaines, parmi les policiers suicidés, il y en avait deux n'ayant pas atteint vingt-cinq ans et le dernier, à Marseille, n'avait que vingt-deux ans et était en poste seulement depuis cinq mois après être sorti major de sa promotion. Quoi d'autre qu'une formidable dichotomie entre les idéaux et la réalité peut provoquer un tel tsunami dans le crâne d'un jeune homme, par ailleurs sportif de haut niveau, et ayant embrassé la carrière comme son père par réelle vocation ?

Cette différence est brutale mais bien évidemment elle n'est pas la seule responsable de ce drame, elle n'est pas la seule explication et il faut aller encore fouiller dans la tête de ces policiers pour parvenir à saisir la densité du malheur qui les dévore. Il faut, pour fabriquer le magma de la dépression, associer une multitude d'autres faits, d'autres paramètres et ainsi comprendre, sans pouvoir évidemment l'admettre, le suicide de ces jeunes et moins jeunes policiers français.

Alors, je n'ai pas répondu à la question posée dans le liminaire de mon chapitre, je n'y répondrai d'ailleurs pas car déclarer que pour se donner la mort il faut être courageux ou lâche ne m'appartient pas, je n'en ai pas le courage ou la faiblesse non plus.

Je pense à ces flics et j'ai la sensation de perdre un morceau de moi chaque fois que l'un d'entre eux prend la fuite vers le trépas. Je pense à eux et par respect pour eux je n'apporterai pas de réponse...

Je vous laisse le soin d'y répondre.

ML

DERNIER REMPART

Les policiers comprennent assez vite qu'ils sont le dernier rempart face à une déliquescence programmée de la société, tout comme ils comprennent qu'eux seuls s'en émeuvent.

Une fois encore, je vais aller chercher dans le fond des crânes des flics pour comprendre et tenter de mettre à la portée des lecteurs, n'ayant pas eu la chance d'être ou peut-être ayant eu le bonheur de ne pas être policier, la teneur de mon propos notamment en ce qui concerne ce dernier rempart que parfois, assez souvent même, les policiers pensent être.

Après avoir constaté que la réalité de terrain était bien éloignée des paradigmes et des conceptions de l'institution tout comme de la formation reçue, les policiers ont tendance à croire que leurs missions se posent logiquement en dernier rempart protégeant la société, les rendant de fait, investis d'une mission sinon divine du moins confiée par la seule appartenance à l'institution dont l'unique but serait de préserver coûte que coûte l'intégrité d'une nation.

Une fois encore mon analyse prend en considération ma propre expérience et les retours que je peux obtenir de fonctionnaires en activité rapportant cette sensation d'être esseulés. Cette impression, virant trop souvent à la certitude, occulte évidemment l'ensemble des autres institutions permettant une stabilité de notre pays mais place surtout le policier une fois encore face à un obstacle infranchissable. Ce qui est marquant chez le policier c'est bien son obsession de devoir maintenir un ordre contre tous les opposants et contre tout ce qui pourrait se mettre au travers de sa route, fussent-elles des instructions cohérentes en lien avec des impératifs sociaux ou sociétaux. Ne pas y parvenir va gréver son état psychologique défaillant et va accentuer son sentiment de solitude face à un « ennemi » contre lequel il reste le seul rempart. Car, depuis sa position, le policier de base ne perçoit pas forcément les directives de la même manière qu'un hiérarque contraint de faire le grand écart entre ses équipes de terrain et les cabinets préfectoraux où se décident, en fonction d'une quantité incommensurable de paramètres et de problématiques, la direction à prendre pour faire intervenir les équipes de répression dans tels ou tels quartiers en sachant que ces mêmes intervenants risquent de provoquer des nuits entières d'émeutes et des blessures susceptibles d'engendrer une catastrophe politique au plus haut sommet de l'état.

Pour le flic de base, cela semble pourtant simple et il songe souvent qu'il suffirait de lui donner carte blanche pour résoudre derechef et de manière radicale et définitive les problèmes des quartiers. Sans cesse confronté à la violence qu'il perçoit et qu'il subit il va sans dire que sa riposte et réponse seraient proportionnées à l'attaque sans considérer, puisque cela ne lui incomberait pas et qu'il en fait fi, la gestion de l'après-crise sur le plan politique, social, sociétal et financier.

N'ayant pas gain de cause, il s'enfonce dans un marasme qu'il pense être le résultat du laxisme de ses autorités et du « politique » coupé des réalités de terrain.

Le malaise s'accentue et le raisonnement s'altère lorsqu'après la prise de conscience de sa situation, le policier doit s'interroger sur son avenir au sein de cette institution lui ayant donné jusqu'alors plus de fil à retordre que de satisfaction, cette même institution ne lui offrant pas les moyens de se « venger » de l'affront qu'il pense avoir essuyé après avoir dû quitter la cité ou le quartier sur ordre de la hiérarchie.

Dans ce domaine, le policier de base va se confronter à ce qu'il va encore analyser comme du déni. Sa haute hiérarchie est ignorante des réalités qu'il côtoie et à son sens, elle l'empêche de mener à bien sa mission.

La hiérarchie, en lien direct avec la place Beauvau, doit faire passer des messages oscillants entre la politique politicienne et donc le fait de ne pas heurter des communautés (lobbys, religions, obédiences...) et l'impératif de maintenir l'ordre pour éviter le chaos en donnant des instructions puis souvent en affirmant avoir donné des contrordres afin de rester en ordre... Bref une soupe dans laquelle le policier se noie allégrement en constatant qu'il est le dindon d'une farce indigeste, seul face à un système qu'il ne comprend pas et qui commence à le dévorer.

Ce mécanisme est implacable et écrase le flic de base dans son sentiment de solitude et d'incompréhension souvent ressenti par les flics et notamment ceux de la base. Ils prennent conscience qu'ils ne sont rien ou pas grand-chose aux yeux d'une hiérarchie gavée de certitudes car la relation avec la hiérarchie et les modes de management demeurent verticaux sans consultation des effectifs pourtant en première ligne et censés détenir le savoir ou tout au moins la connaissance du terrain et de ses difficultés.

Ce sentiment de ne pas être écouté est récurrent chez les policiers de terrain et, pour avoir assisté à de nombreuses réunions dont le but était si flou que j'avais du mal à comprendre ma présence dans la salle, j'assistais à un monologue où des directives étaient égrénées et non discutées parce que définies par l'autorité comme indiscutables même si non-adaptées à ce que je connaissais du terrain. Je quittais la salle avec un fort sentiment d'inutilité. Seules restaient des questions existentielles sur ma fonction dans cette police ne reconnaissant pas le savoir du terrain. Ils étaient placés si haut qu'ils n'entendaient pas les plaintes et les hurlements des flics en difficulté psychologique.

Malgré cela, le flic se place en dernier rempart et sa position est franchement inconfortable puisqu'elle est entre le marteau tenu par son commissaire et une enclume incarnée par les voyous. Les coups assénés sur son crâne commencent logiquement à altérer son raisonnement et à le pousser vers le fond du trou. Envisage-t-il à ce moment de passer à l'acte pour en finir et se libérer de cette charge qu'est devenu son métier ?

Difficile d'apporter une réponse catégorique et précise. Mais il est certain que ses conditions d'exercice commencent sérieusement à se compliquer et à générer des dommages collatéraux importants lorsqu'il rentre chez lui après avoir subi l'isolement psychologique et le mépris de sa hiérarchie.

Les céphalées se sont installées, aucun comprimé n'y pourra rien. Il range son arme dans son étui accroché à sa ceinture, sans savoir pourquoi il la regarde longuement, comme il ne l'avait encore jamais fait. Il va rentrer chez lui avec cet objet pendu à son flanc...

C'est le début de la fin, mais il l'ignore encore !

ML

LE GRAND ÉCART

Comme chaque vendredi matin, je me réveille avec un sourire particulier aux lèvres. Mon visage s'éclaire dès l'aube, non pas pour un quelconque rendez-vous hebdomadaire que j'aurais attendu avec impatience. Il s'illumine pour l'unique raison que ce soir je vais pouvoir ranger dans un placard ce costume que je mets toute la semaine pour faire semblant. Ce costume que je prends la peine de bien porter pour masquer la déception profonde qui s'est installée au fond de moi.

Ce soir, je vais pouvoir être moi-même, oublier mes désillusions et me centrer sur ce qui est devenu essentiel, les miens, ceux qui constituent mon petit foyer.

Alors ce soir, je le sais, je vais respirer à pleins poumons et laisser sur ma chaise de bureau ce gilet pare-balles bien trop lourd, bien trop oppressant.

Ce soir justement, nous recevons du monde à la maison. Comme la plupart d'entre nous, nos amis sont pour la grande majorité des policiers. Mais ce soir, parmi les flics devenus amis qui seront autour de la table, il y a aura également un couple et leur fils de 20 ans qui entre en école de police dans un mois. Ses parents ne sont pas policiers comme nous, alors il ne connaît que ce qu'il a entendu ici et là. Il a passé le concours par vocation, animé comme je l'avais été moi-même. Il a les yeux qui brillent rien qu'à l'idée de rentrer dans « la maison ». Il est jeune et tellement convaincu d'entrer dans une institution qui a pour unique but de porter aide et assistance à nos concitoyens, qui a pour mission première « d'assurer la sécurité des personnes, des biens et des institutions ». De belles phrases couchées sur du papier blanc, des missions martelées par les lois d'orientation et de programmation mais qui n'incluent pas les sous-paragraphes, qui les occultent sciemment. Des mots mis bout à bout que j'ai moi-même enseignés durant sept ans en École de Police en tant que formatrice généraliste.

Je pense à lui ce matin. Je ne sais pas si nous devons lui dire ce qu'il en est réellement, ce que la Police est véritablement devenue, je ne sais pas si nous devons briser immédiatement ses rêves, j'hésite, peut-être que d'ici quelque temps notre Police sera moins malade et qu'elle redeviendra comme avant... comme avant de devenir une comptable, une mathématicienne.

Je le revois tellement souriant et heureux quand il nous avait annoncé sa réussite au concours, il était fier et il pouvait l'être, car je sais qu'il fera « un bon flic », il a tout pour lui. Mais l'administration saura-t-elle préserver son éclat de diamant à l'état brut ? Prendra-t-elle soin de lui ? Je connais si bien la réponse et j'ai soudainement peur pour lui, il semble pourtant fort, mais je sais trop bien que ce sont justement les plus forts, et surtout ceux animés comme lui d'une telle volonté, qui sont parmi les premiers à décrocher, à sombrer, tant l'écart entre leur vision et la réalité est grand, tant leur déception est profonde et les frappe en plein vol, à peine sortis du nid. Je revois en lui celle que j'étais il y a un peu plus de vingt ans, tellement convaincue de pouvoir apporter quelque chose, de pouvoir aider mes concitoyens, et je fais mon propre bilan.

Je me revois pleine d'énergie, impatiente, et excitée, arrivant en gare Saint-Charles pour rejoindre l'École de Police de Marseille. J'imagine l'état dans lequel il doit être. J'ai longuement discuté avec lui, il est tout neuf, comme je l'étais.

Après mon passage à Tarascon où j'ai compris que ma Police n'était plus et qu'elle s'était changée en cette bête que j'allais tenter de combattre, j'ai intégré l'École de Police de Nîmes en tant que formatrice généraliste, c'est-à-dire chargée essentiellement de la théorie.

J'ai vu tant de jeunes collègues arriver, les yeux avides de savoir, avec cette volonté d'apprendre, avec cette envie de devenir un bon « flic », d'« être prêt » à se lancer. J'ai formé tellement de jeunes collègues même si je ne pense pas les avoir vraiment préparés. Avant de prendre ma première promotion d'élèves, j'avais suivi comme tous mes autres collègues formateurs un cursus de trois mois en « École de formation pour formateurs » à Clermont-Ferrand. Là, au milieu des volcans et d'un paysage verdoyant et humide, nous avons appris à nous adresser à un public sagement installé derrière sa table d'écolier. Nous avons appris à écrire correctement sur un tableau blanc et à mettre en forme un cours pour le rendre clair et abordable. Nous avons appris quelques astuces de profs, mais nous n'avons certainement pas appris à préparer mentalement ces jeunes qui allaient entrer en masse et être relâchés à peine sortis de leur coquille dans une jungle indescriptible où la menace n'est pas clairement identifiée… Alors, à mon tour, je leur dispensais mes cours dans une salle aseptisée, lisse comme l'étaient ces malettes pédagogiques, des cours théoriques, parfois mutualisés avec mon binôme pour la pratique de terrain, mais lui comme moi savions que la meilleure des écoles pour nos élèves serait celle de la vraie vie, celle de la réalité et non celle d'une ville reproduite grandeur nature, pas celle que l'on nommait « X ville », sagement docile, sagement paisible.

À chaque fin de cérémonie qui venait clôturer cette année passée à leurs côtés, je les regardais partir, une boule au ventre, j'avais peur pour eux. Comme une hirondelle regardant le premier envol de sa portée partir pour le long voyage migratoire, j'espérais les revoir au printemps suivant.

Au cours de mon passage à la formation, j'ai vu ces contenus pédagogiques changer, tenter de coller à cette réalité de terrain sans y parvenir. Tout était pourtant abordé : les violences urbaines, la difficulté des violences intra familiales, les manifestations et attroupements. Tout sauf ce qui se passe au sein même de notre institution, dans notre maison. Oui, tout sauf les contraintes qu'ils allaient affronter dès leur arrivée dans leur premier lieu d'affectation comme les horaires décalées, les violences des interventions presque normalisées, les menaces et insultes quotidiennes, et bien entendu le management autocratique et le système de punition et de récompense souvent arbitraire.

Malgré les tentatives de création de malettes pédagogiques intitulées « le policier face à la mort » où les élèves sont brièvement sensibilisés durant une heure sur le fait d'être amenés à découvrir des cadavres. Le cours sur « les risques psycho sociaux » qui survole la problématique de l'isolement et de la dépression, il est bien difficile de faire entendre à un jeune élève l'importance de ces informations. Lui ne souhaitant qu'une chose : aller sur le terrain sans comprendre que cette méconnaissance risque de le conduire dans un état de burn-out presque programmé. La désillusion sera bien grande pour tous ceux que j'ai eu la chance d'avoir face à moi durant des heures, derrière leur bureau d'écolier, attentifs, bien trop scolaires. Je les revois dans cette salle, ils sont à ce moment-là plein de ces valeurs qu'ils pensent inébranlables, ils ont idéalisé une fonction qui a perdu de son éclat aux yeux d'une société devenue ingrate, ils sont empreints d'altruisme presque évidemment relié à la fonction de policier. Je les regardais et je savais au fond de moi que leur socle allait s'effondrer petit à petit, que leurs dogmes allaient s'effriter lentement mais sûrement, ils allaient être projetés dans le monde réel, et je savais qu'ils n'étaient pas prêts malgré l'année passée dans cette école.

Non, aucune malette pédagogique n'est prévue pour parler de la pression qu'un capitaine de police leur mettra afin de sortir leur quota de dossiers judiciaires durant le mois en cours. Aucune malette pédagogique ne leur enseignera le coup qu'ils recevront au cours d'un banal contrôle routier, et qu'après avoir interpellé l'auteur pour outrage et rébellion, on remettra leur version des faits en doute parce qu'ils sont déjà victimes dans une autre affaire sans même considérer qu'ils patrouillent dans une cité sensible où plus aucune autorité n'est respectée, où plus aucune représentation de l'état n'est entendue. Non, aucune malette pédagogique ne leur apprendra à remplir leur tableau d'activité en veillant à bien mettre le bon chiffre pour éviter de devoir remplir un rapport circonstancié si leur activité n'est pas satisfaisante aux yeux de bureaucrates cravatés.

Non, je ne lui dirai rien ce soir, mais je vais tenter de garder un œil sur lui. Tôt ou tard il verra ce grand écart entre ses convictions et ce qu'il en est véritablement et à ce moment-là il pourra compter sur nous...

Va Nico et fais attention à toi, le métier que tu as choisi est beau, il est très beau, mais il est également parsemé de pièges qu'il faudra éviter. Je souhaite de tout cœur que tu vois ces pièges avant de tomber dedans.

Je te souhaite une belle et longue carrière !

LG

HUMILIATION

L'humiliation semble faire partie intégrante du métier de policier, c'est un peu comme si subir les insultes et être mis sans cesse au ban de la société était leur apanage. Chaque insulte, chaque outrage devient une médaille accrochée à la poitrine du fonctionnaire récipiendaire et y résister est assimilé automatiquement à un comportement violent et provocateur alors que les subir mine profondément les âmes des flics, victimes oubliées d'un système bien trop occupé à défendre les auteurs au détriment des victimes et encore plus si ces dernières appartiennent à la corporation policière. Comme si la justice considérait que l'outrage n'était plus une infraction et que si le flic en était la victime c'est bien parce qu'il l'avait un peu cherché, même provoqué.

Donc lorsqu'on est flic il faut s'y faire, il faut s'y habituer et encore plus aujourd'hui où répondre à une insulte devient un geste d'agression envers un malheureux jeune homme qui n'a qu'un charabia d'invectives pour toute forme de langage évolué.

Seul l'interpellé aurait donc le privilège de se sentir humilié alors que le policier, lui, se doit de vivre avec la violence en la subissant et en plaçant dans les tiroirs de son crâne le monceau d'insultes s'adressant à lui ainsi qu'à ses trois ou quatre générations d'aïeuls sans sourciller. Vous verrez que bientôt il sera contraint de présenter ses excuses...

Cette géométrie variable résultant de plus de quarante années de laxisme et de bienséance à l'égard d'une population brossée dans le sens du poil à des fins électorales s'applique et ne semble pas être mise à mal par les tribunaux judiciaires.

Néanmoins, c'est à l'intérieur du crâne des flics que je veux m'intéresser et une fois encore évoquer ces humiliations me semble une évidence lorsque l'on veut comprendre l'état psychologique des fonctionnaires de police. Car voyez-vous être sans cesse la victime d'insultes marque profondément les esprits et contribue, ce n'est pas moi qui l'affirme mais des psychologues, à faire que l'individu se dévalorise jusqu'à ne plus, dans un premier temps, savoir qui il est et enfin se détester. Indéniablement c'est un pas de plus vers le suicide. Cet aspect est trop souvent négligé par la justice alors qu'elle considère, à juste titre, qu'insulter une femme dans la rue est d'une gravité absolue. Est-ce le résultat d'une puissance des associations féministes étant parvenues à faire en sorte que ces comportements soient sanctionnées ? En tout état de cause, rien de tel pour la police. Est-elle bafouée ainsi que sa mission régalienne à ce point et par la justice elle-même ? La réponse est comprise dans la question...

Mais je me dois de revenir vers le crâne resté ouvert de ce flic et prenant de plein fouet les trois paramètres que j'ai évoqués. Ce flic est le réceptacle de saloperies énoncées quotidiennement à son endroit, souvent il fait mine de ne pas les entendre et essuie d'un revers de manche le crachat lancé par ce jeune homme monté sur une trottinette lancée à pleine vitesse dans un couloir de bus.

Cela, il l'emmagasine, il le stocke et même s'il parvient à stopper le véhicule il faudra qu'il le fasse sans violence physique ni verbale pour remettre à un officier de police judiciaire un gamin mal élevé qui sera remis très vite à ses parents dépassés avec un sermont, qualifié pompeusement de rappel à la loi, dont il se moque royalement. Pendant ce temps-là, le flic doit gérer l'humiliation et chaque fois qu'il posera son regard sur sa manche il fixera les traces de ce glaviot ruisselant ayant souillé, plus que le tissu de son uniforme, son cœur et son âme d'homme.

Quant au respect ! De nos jours il est une idée assez abstraite, aux bords mal découpés et à la définition plus que vague. Et ce sont encore les policiers qui vont être les éclaireurs voire les expérimentateurs de cette notion rendue unilatérale puisque elle sera aisément exigée par la personne contrôlée sans que cette dernière ne soit en capacité de la définir et bien évidemment de la servir en retour aux fonctionnaires effectuant un simple contrôle. Il est important de préciser que dans la tête de certains – et notamment d'une population protégée de fait par toute une France bien pensante –, un simple contrôle d'identité de routine, même bien encadré et pratiqué légalement, devient un manque de respect et un abus de pouvoir d'une police autoritaire au service d'un état radical. J'ai toujours été surpris par cette attitude de délinquants ne connaissant rien du respect que l'on doit aux autorités, à la dame âgée, aux biens publics ou même à tout un chacun et exigeant mordicus qu'on le respecte et hurlant à qui voulait l'entendre qu'il subissait, au travers d'un simple contrôle de police, une humiliation marquant son esprit ad vitam æternam. Pour un peu mieux comprendre, il faut, cette fois, entrer dans le crâne de ces gens-là en mettant de côté pour cette fin de chapitre le cerveau des policiers.

Je vais marcher sur des œufs, mais je dois détailler le cheminement intellectuel du délinquant rendu intouchable, in-condamnable afin d'appréhender toujours mieux celui des policiers. Le délinquant ne fonctionne pas comme le flic et sa vision du monde est aux antipodes de celles des policiers républicains. Pour la plupart d'entre eux c'est un problème d'éducation et d'appartenance à un milieu social défavorisé facilitant le passage de l'honnêteté à la criminalité. Le respect ne s'improvise pas, il s'apprend et sans vouloir entrer dans des analyses sociologiques il est aisé de constater qu'une génération entière de jeunes gens, entre 15 et 30 ans, n'a pas bénéficié de cet apprentissage. Le fait est que ce sont souvent ces jeunes-là qui représentent le gros de la troupe des personnes contrôlées, interpellées et présentées à la justice.

La société a-t-elle loupé quelque chose dans ce domaine-là et a-t-elle sa part de responsabilité dans ce manque d'éducation ? Certainement puisque l'on a vu, au fil des années, l'éducation se paupériser pour ne laisser plus que les flics, derniers représentants de l'état, entrer dans les quartiers difficiles.

L'Éducation Nationale réduite à sa plus simple expression est dévorée par l'autorité des parents d'élèves désireux que leur progéniture soit considérée comme des HPI. Le sanctuaire qu'était l'école est aujourd'hui, dans certains quartiers, une salle des fêtes pour parents et enfants incultes et ignorants de toute forme de respect.

Pour le coup, les flics ne sont pas les derniers remparts capables de protéger la société, mais ils sont les cibles de cette humiliation permanente.

Je me dois de revenir à ce crâne de flic et à ce qu'il contient. Je commence à n'y voir que désolation et tourments...

ML

À LA MAISON

C'est bien évidemment lorsque l'on se retrouve seul face à soi-même que l'on est le plus à même de réfléchir, de raisonner sur soi et sur ce que l'on est peut-être en train de devenir. Sans se dévêtir devant son miroir pour voir un peu plus en détails les marques du temps ou seulement les traces bleutées laissées par les affrontements physiques de sa journée de flic, on peut se poser seul sur son divan et laisser aller ses songes, ses pensées. Mais voilà le flic, lorsqu'il rentre chez lui, est confronté, comme tout un chacun, à d'autres problèmes de couple, d'argent. Il s'est pourtant assis sur son canapé mais à ses côtés il a trimballé les lourdes valises de sa journée passée à tenter de gérer les problèmes d'une société ingrate, une société qui n'hésite plus à lui cracher au visage en guise de remerciement pour les services rendus. Là, tout près de lui, il conserve ses problèmes de boulot, les relations tendues avec ses collègues et l'incompréhension de sa hiérarchie refusant de lui accorder sa confiance.

Il reste ainsi assis face à lui-même laissant sa compagne gérer les enfants et les factures, lui laissant les pleurs des mioches et les réunions parents professeurs alors qu'il oublie l'anniversaire de celle qui depuis des années le supporte et le voit devenir de plus en plus irascible et acariâtre. Alors pour fuir il va s'emparer d'une bouteille d'alcool et va contempler un peu plus longuement son arme, ce satané pistolet au chargeur approvisionné de quinze maudites cartouches et se demander à quoi servent les quatorze autres puisqu'une seule suffirait à lui permettre de résoudre l'ensemble des problèmes. Ce phénomène est bien présent chez les flics et une fois encore ils en détiennent le monopole puisque, comme décrit supra, il parvient à croire qu'il est unique et qu'il est le seul à comprendre les bouleversements de notre société. En première ligne, ses problèmes, il va les affronter, il va les vivre et les recevoir, comme un uppercut, en pleine gueule faisant de lui un être isolé. De sa compagne, il va logiquement s'en éloigner pour se retrouver dans une place étriquée ne lui laissant que peu de latitude, de portes de sortie de ce marasme qu'il aura lui-même généré. Cette sorte de syndrome est caractéristique des policiers, on ne le trouve que chez eux puisqu'il est induit directement par leur fonction et de cette incompréhension de tout le reste de la population qui oscille entre l'excès d'autorité et le laxisme sans jamais être capable de trouver le savant dosage des deux pouvant permettre une stabilité.

De son couple heureux il ne reste plus grand-chose, la maison qu'ils ont achetée voici dix ans tombe en décrépitude par manque d'entretien mais surtout par manque de courage et d'envie de prendre un pinceau, de planter un clou, de s'intéresser en fait à autre chose qu'à son putain de travail et à cette salope de police qui commence à le phagocyter, à le dévorer. Il va s'envoyer un verre, puis un deuxième et ira se vautrer dans son lit pour oublier sa vie qu'il pense misérable alors qu'il est devenu incapable de voir les merveilles vivant à côté de lui dans une jolie petite maison de banlieue. La carte postale n'est pas terne, c'est bien son esprit qui l'est.

Puis, un matin de printemps, lorsque tout semble renaître, elle prendra une petite valise, elle prendra ses enfants pour aller se réfugier chez ses parents loin d'ici, loin de celui qui commence à sombrer. Dans un premier temps elle souhaitera réfléchir mais au fond d'elle elle sait qu'elle a déjà bien donné, trop donné et qu'elle a atteint ses limites. Alors, pour se sauver de cet enfer dans lequel son flic de mari est entré, elle l'abandonnera, elle le laissera seul face à lui-même, face à son sale boulot et surtout face à ses propres démons ayant pris vie depuis le premier jour de son affectation dans ce commissariat miteux d'une région bien trop éloignée de la leur.

Là, elle aussi réfléchira et, entre deux sanglots, elle parviendra à analyser sereinement ce qui se déroule dans la tête de celui qu'elle a tant aimé. Elle reverra leurs souvenirs heureux et notera les éléments déclencheurs de sa chute : une bagarre dans une cité pour laquelle sa hiérarchie a mis en doute les déclarations de son équipe et évidemment la sienne, le cadavre de cet enfant découvert un soir de pluie et qu'il a dû garder durant des heures avant que les pompes funèbres puissent venir le prendre en charge, les insultes, les menaces, les rappels au service, la crainte que ses enfants soient identifiés comme enfants de flics. Et puis surtout tout ce qu'il n'a pas dit, tout ce qu'il n'a pas pu lui confier pour la protéger, pour la laisser hors de ce métier souvent abject dans son quotidien mais aussi dans son fonctionnement.

À la maison, il n'y aura plus personne et il tentera de conserver le lien avec ses enfants malgré les cycles horaires décalés et les vacations de douze heures épuisantes. Lentement, il s'éloignera de sa famille tout en se rapprochant de sa bouteille et de son flingue. Il justifiera ses carences par la nécessité d'être présent et de devoir assurer sa mission sans prendre le temps de regarder ses enfants grandir et se rapprocher de celui qui a pris sa place dans le lit de son ex-compagne et près de ses enfants.

Il sera persuadé d'être dans le vrai, dans le juste et qu'il n'a pas d'autres possibilités, par d'autres alternatives. Lentement il se fera oublier de tous sauf de l'acier froid du canon de son arme de service...

Parviendra-t-il à réfléchir et à comprendre que c'est bien son métier et seulement son métier qui l'a conduit là ? Pourra-t-il trouver les solutions à son malaise et refaire un jour surface pour affronter ces missions plus sereinement, avec plus de recul ou restera-t-il celui qu'il est devenu à savoir un flic obtus seulement obsédé par son métier et ses turpitudes ? Les réponses à ces questions seraient pourtant faciles à trouver et à ce stade de sa chute il est encore temps d'y remédier et d'inverser la tendance. Mais voilà il n'est qu'au début de son épuisement professionnel et ce qui l'attend va le précipiter vers le fond.

Un matin de printemps, lorsque tout renaît, lui décidera de mourir...

ML

LE MILLE-FEUILLE

Je quitte ce soir mon service avec un peu de peine, le ciel est voilé et mon cœur aussi, comme un poids inexpliqué qui se serait planté là, alourdissant mes pas et embrumant mon esprit. Un des équipages de Police Secours est intervenu en milieu d'après midi sur un adolescent qui a tenté de mettre fin à ses jours en prenant des médicaments. Il n'a que douze ans et par chance, les secours sont arrivés à temps et son pronostic vital n'est plus engagé. J'ai suivi cette intervention à la radio et je n'ai pu m'empêcher de revoir le visage de cette jeune fille de 14 ans qui s'était défenestrée un matin de printemps du sixième étage dans les quartiers Nord de Marseille. Ce secteur Nord manquant d'OPJ, je m'étais alors rendue sur les lieux pour y effectuer les premières constatations.

Elle était étendue au pied de son immeuble, la famille avait tiré un grand drap blanc, immaculé, pour éviter que les voisins, attroupés et nombreux, puissent voir le corps. J'avais franchi le drap sous les regards de tous mais surtout sous celui de ses parents, perdus, désorientés, qui me voyait comme celle qui pouvait leur apporter une réponse à leur question ultime « pourquoi ? » .

Je n'oublierai jamais ce visage et ce corps désarticulé qui gisait devant moi. J'étais seule et je devais faire ce que l'on attendait de moi, les premières constatations...

Alors, ce soir, je revois ce visage et le désespoir de toute une famille en pleurs, et des larmes viennent couler naturellement sur mes joues.

Ce quotidien de policier, cette accumulation de faits, de violence, de misère, font que nous ne sommes pas comme tout le monde, nous ne serons plus jamais comme tout le monde. Même si un jour, par démission ou par annuités accomplies, nous rangeons notre uniforme dans le placard, nous ne redeviendrons plus jamais comme nous étions avant de franchir les portes de l'École de Police. Nous y avions laissé sans le savoir encore un autre qui nous est aujourd'hui inconnu. Nous sommes devenus une autre personne, nous sommes devenus flics.

Le métier de policier n'est pas un métier comme les autres. Nous sommes confrontés chaque jour à la souffrance, à la misère sociale, à la mort, aux différends, et nous nous sentons parfois impuissants face à toute cette montée de violence. Nous devons supporter les sourires narquois des délinquants multirécidivistes, relâchés avant même que notre procès verbal d'interpellation ne soit terminé. Nous devons faire la sourde oreille et ne pas réagir devant les insultes et la haine d'une population qui ne nous respecte plus et n'hésite pas à nous entraîner dans des guets-apens pour mieux casser du bleu-marine et nous cracher leur venin au visage. Et pourtant, nous ne sommes que des hommes et des femmes et nous accumulons tout cela, jour après jour, intervention après intervention, comme un mille-feuille au goût rance.

Et nous devons supporter la lâcheté d'une administration qui se réfugie parfois derrière des pseudos prises en compte de notre mal-être quand la patate devient trop chaude, lorsque une intervention est jugée sensible, et que les agents sont à la porte de la détresse psychologique, du burn out. Un bon débriefing d'une demi-heure avec un psychologue, fait à l'emporte-pièce et le tour est joué, l'histoire est terminée, dossier classé sans suite. Plus aucun ne reviendra sur le sujet de peur d'être taxé de dépressif, plus aucun n'en reparlera, ni au service et encore moins chez lui. Alors, nous gardons tout cela en nous, jusqu'au jour où tout resurgit, au hasard d'un visage, d'un mot, d'une chanson, tout resurgit.

Quand nous rentrons chez nous, c'est pour retrouver les nôtres, retrouver notre foyer, et nous n'avons plus qu'une envie, c'est simplement de ne plus penser à tout ce que nous avons vu, entendu, supporté. Nous voulons sortir de ce corps d'automate, de cette carapace que nous nous sommes petit à petit forgée pour garder un peu de distance avec ce que nous vivons quotidiennement, pour mieux supporter les attaques de cette triste réalité qui nous dévore. Nous rentrons et tentons de redevenir le simple être humain que nous ne serons jamais plus.

Mais rien n'y fait, ce costume nous colle à la peau.

Et c'est la nuit que nous appréhendons le plus, la nuit où tout est noir, où nos yeux bien clos se remémorent ces images violentes et sordides, notre mémoire nous trahit alors et fait en sorte de nous rappeler les horreurs que nous tentons de cacher, d'oublier. Alors, nous ne dormons parfois que quelques heures, nous nous réveillons souvent en sursaut, transpirant et le réveil sonne, et nous continuons, encore et encore. C'est notre routine.

Je stationne mon véhicule devant mon bâtiment. Ma petite fille de quatre ans m'attend impatiemment, comme tous les soirs je lui lirai une histoire pour qu'elle fasse de doux rêves. Le conte que je choisirai sera plein de fées et de fleurs dans un lieu où il n'y aura ni monstre, ni méchant. Ce petit être ignorera encore longtemps que le monde dans lequel je vis est rempli de diables capables de faire souffrir sa maman, de lui faire du mal.

Apaisée, elle trouvera le sommeil et j'irai me coucher. Mais ce soir, moi, je sais de quoi je vais rêver, de ce corps désarticulé d'à peine 14 ans, caché derrière un drap blanc.

J'aurai du mal à trouver le sommeil…

LG

HIÉRARCHIE

C'est en 2002, avec l'arrivée de Nicolas Sarkozy au ministère de l'Intérieur, que j'ai vu la police commencer à se transformer. Les métamorphoses sont apparues assez rapidement sans que ces dernières ne fassent réagir la masse des policiers à ce qui s'annonçait comme une véritable catastrophe programmée. Les fondements de la police républicaine allaient être remis en cause pour la transformer en une force au service d'un état désireux de pourfendre radicalement le service public.

Ainsi, suppressions de postes et réductions des budgets alloués allaient impacter directement le travail des policiers, voyant leur marge de manœuvre se réduire comme peau de chagrin mais en étant de plus en plus contraints d'être efficaces et surtout rentables. L'efficience était devenue la règle comme la pression devait être acceptée par les flics désabusés et oppressés. Le quotidien ordinaire du policier devenait insupportable et les plus faibles ou les moins armés faisaient un pas de plus vers le suicide.

C'est à ce moment-là que j'ai réellement commencé à glisser vers un épuisement professionnel et que j'ai commencé à perdre pied tant en ce qui concernait ma vie professionnelle que ma vie personnelle. À l'instar du policier dont j'ai fait le portrait dans un chapitre précédent, je devenais irascible et acariâtre, sans comprendre pourquoi alors que les causes de ma chute étaient chaque jour bien présentes et visibles. Je les voyais sans les admettre, je les subissais sans les tolérer, je les prenais en plein visage en ayant connaissance de leurs aspects néfastes et dévastateurs sans en mesurer toutefois complètement la portée sur ma personne. Je tombais lentement mais certainement sans prendre la mesure de ce qui était en train de se dérouler sous mes yeux de flic passionné, sans comprendre qu'à mes côtés d'autres policiers mettaient fin à leurs jours pour ces mêmes raisons.

À cette époque j'étais en poste au sein d'un service d'enquête généraliste, j'y dirigeais un groupe de quelques policiers chargés de poursuivre des investigations sur des interpellations faites en flagrant délit par tous les services exerçant sur la voie publique. Je devenais malgré moi le spectateur actif d'une paupérisation des affaires orchestrée par une hiérarchie avide de chiffres et de statistiques. Mais ce à quoi j'ai le plus assisté c'est indéniablement le retournement radical de la hiérarchie, adhérant sans rechigner à un nouveau mode de management qui allait conduire la police et donc les policiers vers les abysses d'un mal-être les poussant, pour beaucoup, à se suicider dans l'indifférence quasi-totale.

Mais ce qui restait le plus présent et le plus frappant restait le mépris venant de la hiérarchie et marquant les policiers dans leur conscience professionnelle, mépris évidemment difficile à supporter. Car au-delà des décisions prises de façon brutale et sans concertation c'était bien du dédain dont les autorités faisaient preuve en négligeant totalement l'impact de leur direction sur le « petit » personnel. La pression devint rapidement insupportable, ingérable même pour des flics ne connaissant jusqu'alors qu'un commandement professionnel fait par d'autres flics au fait eux-mêmes des difficultés du métier et ne rechignant pas à soutenir leurs effectifs en cas de coups durs. Là, ils étaient lâchés, abandonnés et mis au pilori à chaque débordement. Et ils devaient travailler sans filet sur leurs dossiers, en ne tenant compte que d'un seul et unique résultat, celui du chiffre, au détriment bien entendu de la qualité de service public.

L'impact de ces méthodes de management fut très vite mesurable sur les troupes qui ne comprenaient plus ce qui leur était demandé mais ne refusaient pas de l'appliquer pour autant, afin d'éviter d'être contraintes de s'expliquer voire même sanctionnées. Car la pression que j'évoque est bien celle-là, la menace d'une sanction en cas de non-rentabilité pouvant conduire le fonctionnaire à perdre des points de notation, à ne pouvoir obtenir la mutation tant attendue ou un retard dans sa nomination au grade supérieur malgré la réussite aux examens ad hoc.

Il est important de plonger encore un peu plus dans le mécanisme intellectuel des policiers confrontés à ce que je viens d'écrire. Il faut savoir lire entre les lignes et se transposer dans un commissariat, y effectuer des missions basiques de service public de police, comme aider et assister les plus vulnérables ou réprimer une infraction de vente de produits stupéfiants. Ces deux nobles missions étaient bousculées, voire renversées, puisque la notion de service rendu aux citoyens devenait désuète au profit d'une activité chiffrée et l'interpellation d'un dealer passait au second plan au profit d'arrestations de petits consommateurs, bien plus faciles, mais fastidieuses et inutiles en procédure. C'est bien lors de ces missions que le policier ne parvenait plus à se positionner par rapport à une nécessité impérieuse d'apporter son soutien à une population en demande. S'il se contentait de répondre aux exigences de la hiérarchie, il détournait son regard du voyou pour aller réprimer une « bonne » société. En se désintéressant de ce qui polluait le quotidien de ces mêmes braves gens il ne trouvait ni satisfaction ni reconnaissance chez ces derniers qu'il s'était pourtant promis de défendre.

Mais comme il n'en faisait jamais assez il n'obtenait même pas la reconnaissance, et encore moins la gratitude, de sa hiérarchie alors que son sacrifice contribuait pourtant au bon déroulement de sa carrière.

Dans toute structure pyramidale, une hiérarchie est établie, elle est nécessaire et indispensable et d'autant plus dans un service comme celui de la police nationale. Il existe plusieurs modes de management mais celui mis en place à compter des années 2000 reste un modèle de ce qu'il ne faut pas faire. Il a tué la police républicaine et contribue largement à ce que les fonctionnaires se donnent la mort.

Ce mode de management a été institué sous le règne de Nicolas Sarkozy, entraînant la diminution de l'autonomie des policiers lors de leurs interventions. L'esprit d'analyse et la capacité à orienter les affaires qu'ils étaient amenés à gérer leur ont été retirés, les transformant en simples agents d'exécution uniquement chargés de ramener stupidement du chiffre, toujours du chiffre et encore du chiffre.

Là-haut, au sommet de la hiérarchie, on se moque de l'état psychologique du policier de base puisqu'il est sous-considéré et qu'il ne sert qu'un système fondé sur une rentabilité. Le mépris est la règle du sommet jusqu'à la base. Et tant pis si même le désarroi et la défaillance psychologique entraînant le suicide sont ignorés puisque ce ne sont pour l'immense majorité que des membres du corps d'encadrement et d'application qui se donnent la mort.

ML

LE CHIFFRE

Cela ne fait aucun doute, et plus personne ne l'ignore, la police d'aujourd'hui et depuis plus de vingt années ne fonctionne plus que selon un seul et unique dogme, celui de la politique du chiffre et de la culture du résultat !

Cette politique abjecte a profondément dénaturé le métier et a transformé les flics en véritables collecteurs d'impôts et interpellateurs lobotomisés d'affaires minables ne servant qu'à alimenter les tableaux des statistiques pour satisfaire les hautes sphères pratiquant allègrement l'onanisme statisticien dans les bureaux dorés des préfectures et du ministère. Cela n'est évidemment plus un secret d'alcôve puisque cette même politique a été imposée à l'hôpital et même à l'Éducation Nationale sans que quiconque ne s'en émeuve et que, malgré les innombrables preuves de ses échecs, on ne puisse pas y mettre un terme pour revenir à des valeurs plus humaines. Ses dégâts sur le système sont colossaux, mais ce sont avant tout les hommes qui prennent cette satanée politique et ses effets en pleine gueule. Ce qui est le plus marquant c'est que ce ne sont pas forcément les policiers les plus anciens qui subissent ces effets néfastes mais surtout les jeunes qui, pourtant, dès leur incorporation en école de police, sont bercés, élevés et nourris à cette machiavélique politique. La question est de parvenir à comprendre comment la politique du chiffre parvient à devenir insupportable pour ces jeunes gens par rapport aux plus anciens ayant connu une police non soumise aux chiffres et disposant d'une plus grande latitude comme d'une plus importante autonomie dans la gestion des affaires constatées. Ce qui apparaît encore alors que nous questionnons de jeunes policiers c'est que de manière flagrante aucun d'entre eux n'était en capacité de mettre le doigt sur ce phénomène et de rejeter en bloc la pression mise sur eux quant à l'obtention du chiffre. Ces jeunes flics ont intégré ce paramètre jusqu'à penser que c'est bien la norme et qu'il ne peut exister d'autres modes de fonctionnement. Pour eux le chiffre est une évidence puisqu'ils n'ont connu que cela.

Mais si l'on cherche un peu plus, l'on constate que ces mêmes apprentis policiers reconnaissent unanimement souffrir de la pression imposée par la hiérarchie si le chiffre n'est pas atteint, et bien entendu cette contrainte les gêne et les asphyxie. Pour certains d'entre eux, il est facile de reconnaître que la pression les empêche parfois de dormir et plusieurs reconnaissent avoir déjà eu l'idée, après seulement quelques mois ou une seule année, de démissionner.

Le chiffre est donc bien l'un des responsables de cette hécatombe. Mais cette notion n'existe pas, elle n'est pas une personne physique puisqu'elle n'est qu'une conséquence des orientations décidées en haut-lieu. Pourtant le chiffre tue et cela personne ne peut le remettre en cause sauf les hiérarques empêtrés dans leur comptabilité et leur ignorance de ce qui se déroule et se trame dans les salles de repos miteuses des commissariats de notre pays. Le chiffre tue et nul ne le remettra en cause car son complice n'est autre que le management inhumain mis en place par ces mêmes hiérarques.

Beaucoup plus que les immondices que le policier côtoie, plus encore que les insultes et les crachats et bien plus que la solitude et l'abandon, c'est bien le chiffre et le management qui poussent les policiers à se donner la mort. Il est sournois, il ne se montre pas ou alors que timidement à travers des notes de service ou des instructions verbales dénuées de toute forme d'humanisme et de respect des fonctionnaires de base. Il est méprisant, il est laid et c'est un criminel dangereux, un véritable sérial killer qu'aucun service d'enquête, même le plus performant, ne parviendrait à interpeller, à placer en garde à vue et à déférer devant des magistrats qui le condamneront à la peine capitale. Car la solution est bien là, elle est précise et sans équivoque : il faut lui couper la tête et je la regarderai tomber dans le panier d'osier avant qu'elle ne soit emportée vers un incinérateur pour détruire à tout jamais ce satané chiffre responsable de la mort de ces policiers poussés à bout...

Mais eux, les hauts-gradés, verseront une larme en voyant son corps décapité. Ils verront avec lui s'envoler leurs primes au mérite et leurs avancements mirifiques. Ils le regarderont partir en méprisant la foule en liesse des gardiens de la paix et en méprisant cette troupe d'un regard hautain...

Mais la peine de mort n'existe plus et la guillotine a été rangée dans un placard à balais. J'imagine qu'elle aurait pu en être sortie juste pour laisser tomber son lourd et affûté couperet sur la nuque rugueuse et velue de cette chose immonde qu'est le chiffre.

Je rêve et je ferais bien de me réveiller...

ML

AU COMMISSARIAT

Nous connaissons les causes, nous les avons identifiées, énumérées sans trouver les armes pour les anéantir alors nous poursuivons nos recherches et retournons dans les commissariats pour nous imprégner de l'atmosphère, de l'ambiance et même de l'odeur qui y règnent.

Le siège du service est un refuge pour chaque flic et notamment pour ceux en détresse psychologique. Et même si cela est paradoxal il faut comprendre que, malgré le mal-être généré par ce métier que chacun d'entre eux exerce en ces lieux, c'est bien là qu'ils trouvent un endroit étrangement rassurant. Chez le flic, le commissariat est une base, un repère. C'est là qu'il retrouve ses frères d'armes qui sont les seuls à le comprendre, c'est encore là qu'il rit et qu'il célèbre la naissance de son enfant ou le départ en retraite d'un ancien, c'est enfin là qu'il passe le plus clair de son temps, et c'est toujours en ces lieux qu'il parvient à expurger les images affreuses de ces différentes interventions, parmi ses semblables. Ce que je viens d'écrire n'est pas propre aux policiers puisque chaque ouvrier, chaque employé passe la majeure partie de sa vie sur son lieu de travail et qu'il y trouve aussi des collègues et y lève parfois un verre pour fêter un évènement. Pourtant, chez les policiers, cela est quelque peu différent, les horaires décalés et les rappels font que le siège du service devient de fait un second domicile. Trop souvent même le premier puis le dernier. Car c'est bien là qu'il se trouve comme un poisson dans l'eau à savoir dans son véritable élément et, à part s'il croise un collègue envers lequel existeraient des inimitiés, chacun de ses frères d'armes aura une attitude similaire à la sienne, un raisonnement identique et un comportement semblable. Les flics se ressemblent et à force de travailler ensemble ils leur arrivent de penser qu'ils appartiennent à la même grande famille vivant sous le même toit, celui du commissariat.

Je n'ai pas de mal à me souvenir d'avoir célébré la naissance d'un enfant de collègue une nuit d'hiver. Il venait d'être papa et ne se sentait pas l'envie de rentrer seul chez lui après avoir assisté son épouse durant l'accouchement. Nous, nous étions de service de nuit et il nous a appelé pour nous rejoindre sur un parking de supermarché minable. Dans un distributeur nous avons acheté une canette de soda et avons trinqué à la naissance de son fils. Cet évènement nous semblait, à l'époque, normal et nous étions même heureux de lever la canette avec lui. Avec le recul, j'ai pris conscience de l'aspect pathétique et pitoyable de cela. Ce qu'il faut comprendre, c'est que ce collègue n'avait pas d'autre endroit où aller et pas d'autres amis avec qui fêter la naissance de son garçon. Pour lui, comme pour nous, cela était notre vie et nos repères. La vie de flic en somme est une vie petite, étriquée et triste à pleurer.

Je viens de résumer ce que représentent les collègues et le commissariat pour un flic et il devient donc facile de comprendre pourquoi bon nombre d'entre eux décident de se donner la mort au siège du service. Cherchent-ils à cet instant un coin rassurant ou pensent-ils que cet acte abominable ne peut pas être pratiqué ailleurs qu'à leur second domicile, sous les yeux de leurs collègues ?

Le mécanisme intellectuel de celui ayant décidé d'en finir n'est évidemment pas simple à cerner, mais une chose est certaine : c'est que le commissariat reste un lieu hautement symbolique pour lui et s'y donner la mort est un geste d'une brutalité et d'une violence inouïe. C'est un signal lancé à la hiérarchie et aux collègues laissés sans pouvoir comprendre ce geste fatal.

C'est incontestablement cela qu'il faut faire comprendre à cette administration bien trop sourde pour entendre les coups de feu fatals tirés pourtant dans des lieux dépendants d'elle. Comment, dans un suicide commis là, ne pas voir le symbole d'un désespoir policier, comment, après un tel acte, avoir l'audace de déclarer que ce fonctionnaire était en proie à des difficultés personnelles alors qu'il s'est tué là, dans ce commissariat souvent miteux et dégueulasse ?

Ne pas l'admettre est une insulte faite par les autorités aux défunts ainsi qu'à leurs familles comme aux policiers restant sans voix après le départ prématuré d'un collègue. Mais l'administration semble ne pas souffrir seulement de surdité, elle est également atteinte de cécité incurable. Et si ces deux pathologies ne l'ont pas atteinte, je confirme qu'il n'y a pas plus sourd que celui qui ne veut rien entendre et pas plus aveugle que celui qui refuse de voir.

C'est indéniablement l'attitude lâche qu'adopte l'institution.

ML

OPPROBRE

Au sein de la police nationale la dépression comme l'épuisement professionnel, qualifié en un temps de burn-out, sont synonymes de honte, et déclarer ouvertement que l'on en souffre équivaut à un placement à l'écart immédiat par une hiérarchie si frileuse qu'elle n'aura qu'un objectif : retirer au plus vite l'arme de service du fonctionnaire concerné. Le but inavoué de ce désarmement n'est autre que de se protéger dans le cas où le malheureux fonctionnaire aurait l'idée de se faire sauter la tête et non de protéger le flic de lui-même. Un flic dont l'état psychologique aurait dû alerter depuis bien longtemps cette même hiérarchie dissimulée sous un immense parapluie et bien à l'abri des foudres, celles de la place Beauvau et d'une presse désireuse de faire éclater un scandale à la suite d'une potentielle dénonciation d'une famille endeuillée.

Tous les flics savent cela et chacun d'eux souhaite s'en protéger, s'en prémunir pour éviter la honte d'être classé parmi les dépressifs juste bon à partir pour un séjour au « Stage de voile ». Ainsi est surnommé pudiquement le centre du Courbat, près de Tours, seul centre médicalisé capable d'accueillir les policiers en détresse psychologique, centre géré par l'ANAS. Malgré la connaissance qu'ont tous les flics des difficultés du métier et du nombre important de suicides, ce stage est la pire des destinations puisque la réputation que trimbale ledit centre est de recevoir tous les alcooliques et les dépressifs que la police compte. Dès son retour, le policier, pourtant malade, aura un écriteau collé sur son front sur lequel sera mentionné « DÉPRESSIF » faisant de lui un très mauvais binôme dont personne ne veut pour aller affronter la délinquance. Comme s'il était atteint d'une maladie contagieuse, à sa pathologie ou seulement à son mal-être viendront donc se greffer cette réputation et cette image dont il ne se séparera jamais.

Ce phénomène est largement entretenu par les fonctionnaires pensant être à l'abri du mal-être. Leur propre état est occulté par une façade et des sourires usurpés. Car le simple fait d'avoir reconnu ses faiblesses peut contribuer à les accentuer. Ce qu'il faut comprendre, c'est ce masculinisme et ce viriliste qui règnent dans les commissariats où très souvent ce que je nomme les faiblesses sont assimilés à une touche féminine, avec son côté péjoratif infondé, un côté lâche et indigne de la profession. Pourtant tous le savent, tous connaissent les difficultés et tous y sont confrontés. Alors pourquoi ce phénomène est entretenu, pourquoi admettre ne plus pouvoir supporter les multiples et diverses agressions jette l'opprobre sur celui qui ose le dire, celui qui ne peut plus le tolérer ?

Est-ce le fait que l'essence même du métier reste une lutte, un combat permanent contre une délinquance et une criminalité et encore plus aujourd'hui, contre tout un système hiérarchique, judiciaire et médiatique qui fait que le fonctionnaire de police doit rester droit dans ses bottes, sans broncher, en prenant de plein fouet le monceau de choses affreuses à gérer. Difficile de trouver des points de convergence entre la nécessité de rester fort et le refus de toute une institution de reconnaître que chacun d'entre eux peut aussi craquer.

Toujours est-il que l'opprobre reste un sentiment bien présent dans les commissariats et ceux parvenant à cacher leur mal-être croisent ceux qui n'y parviennent plus. Ils se regardent en chien de faïence sans que les « valides » ne tendent la main à ceux dont les yeux appellent au secours. Certains détournent le regard pour ne pas être contaminés par le désespoir pendant que d'autres glissent lentement vers le suicide sans que personne ne puisse leur venir en aide ou trouver une solution pour enrayer cette litanie. Pourtant, les choses ont bien changé car une majorité de flics acceptent que les difficultés du métier peuvent pousser le plus fragile ou le moins soutenu à mettre fin à ses jours. Du haut de leurs positions, les patrons de service perçoivent ce phénomène comme une source d'ennuis et non pas comme un réel problème humain. Pour cette partie de l'institution, bien moins touchée par la vague de suicides, l'impératif est de faire fonctionner leur service. Cela prime sur les ressources humaines au sens propre du terme et la mort d'un de leurs fonctionnaires va beaucoup plus impacter leur « comptabilité » plutôt que leur humanité, même si le suicidé n'a que vingt ans.

Ce constat est malheureusement réel. Mais il reste bien difficile à évaluer. Il est l'argument que donnent les policiers concernés. Est-ce une fois encore une interprétation ou un simple constat affreux d'une indifférence totale de la hiérarchie ? Les policiers rencontrés pour écrire cet ouvrage mettent en évidence ce sentiment d'abandon face à un drame commis par un fonctionnaire.

Le policier de base est devenu, malgré lui, un éclaireur des maux de la société. En première ligne, sur tous les fronts, il doit être à même de gérer les aspects sociaux, sociétaux et économiques d'un secteur sur lequel il travaille et, pour ce faire, il ne doit pas faillir alors que bien souvent il ne maîtrise pas grand-chose. On lui demande de comprendre les impératifs financiers d'une municipalité ne pouvant pas investir dans les quartiers difficiles, de saisir et parfois d'argumenter la fuite des services publics d'une cité difficile comme d'appréhender le principe d'enrôlement des très jeunes gens dans le trafic de stupéfiants. Le policier de terrain est tout sauf un sociologue et sa mission semble devenue bien trop complexe pour qu'il puisse, avec le peu d'armes dont il dispose, l'assumer, et donc l'assurer. Chez les policiers de terrain, on remarque ce décalage entre leurs propres compétences et la montagne infranchissable que représente la nouvelle mission qui leur est confiée. Celle d'être sans cesse au chevet d'une société malade. Pire encore de devoir lui apporter des soins qu'il est incapable d'administrer par manque de connaissance des pathologies et par le fait qu'il ne reconnaît pas cette mission comme celle pour laquelle il a embrassé la carrière. Ce constat est flagrant et bien évidemment il fait perdre pied aux policiers finissant pas ne plus savoir quel est vraiment leur rôle, leur fonction, leur réalité d'homme.

Je vais retourner dans le crâne des flics pour y trouver des bribes de raisonnement et étayer mon propos. Dans cette boîte crânienne, se trouve le besoin de comprendre les choses et il ne faut pas fouiller trop longtemps pour y mettre à jour la nécessité de discerner ce qui est demandé aux policiers.

Le flic est plutôt simple, sans aucun aspect péjoratif. Il raisonne simplement par rapport à sa mission initiale sans réellement chercher à comprendre le pourquoi et le comment de cela. La loi précise les contours de la vie en société et le flic est chargé de mettre en difficulté ceux qui dérogeraient à ces règles établies. Simplement, basiquement…

Ce qui lui est demandé aujourd'hui n'est pas de son domaine, n'est pas son cœur de métier et, une fois encore, il est désarmé face à ces impératifs de résoudre les conditions difficiles d'existence d'une population qu'il considère, par rapport à ce qu'il conçoit de son métier, comme une tâche indue.

L'opprobre va bien finir par l'emporter…

ML

AMIS OU ENNEMIS

Devons-nous attendre du policier qu'il soit à la fois celui qui réprime et celui qui comprend les problématiques liées à la criminalité sans qu'il ne puisse intervenir, interférer sur ces dernières ni mener sa mission sereinement ? Répondre à cela serait remettre en cause toute une théorie selon laquelle la police est une pierre angulaire de notre société et que son action ne se limite pas à l'identification, à l'interpellation et à la remise à la justice des délinquants mais à tout autre chose... mais à quoi ?

Le problème est posé et l'équation n'est pas simple à résoudre puisque au-delà du simple fait de savoir à quoi sert la police, et donc les policiers, se présente à nous une autre problématique : comment, par rapport aux atermoiements répétés des politiques, le policier doit-il et peut-il se positionner ? Une fois encore, personne n'apporte de réponse à ces flics. Ils sont égarés. D'un côté, une tendance accrue d'une frange de la société à vouloir et à espérer des coups de bâtons pour ceux qu'ils auraient désignés comme nuisibles, et de l'autre côté, une population bourrée d'à priori et de stéréotypes à l'égard de cette police. C'est encore le flicard qui va faire les frais de ces positions ambivalentes et qui sera ostracisé en tentant, aux travers de ses organisations professionnelles, d'expliquer au grand public qu'il ne parvient pas à trouver une place définie et confortable entre les bien-pensants et les voyous.

Mais bien au-delà de cela, c'est face aux délinquants que le flic va se trouver encore et toujours en position difficile. Pour lui la mission est simple et elle doit être exécutée sans faille et souvent bien mieux que ce que la hiérarchie lui demande. Car le policier de terrain ne veut pas se contenter de petites interpellations, il en veut plus, il veut de « belles » affaires car cela est son ADN, sa raison d'exercer ce métier. Comment parvenir à faire comprendre au lecteur qu'être flic c'est avant tout vouloir servir parfois au-delà de ce qu'il devrait le faire, comment faire comprendre que le petit flic veut égaler le grand, le jeune veut dépasser l'ancien ?

Et c'est bien là que le bât blesse. Le policier sera souvent déçu par la vision qu'aura sa hiérarchie d'une belle affaire qui ne rapportera que peu de chiffres face aux risques encourus. La déception est telle que le policier n'aura pas le recul nécessaire pour assimiler une politique que d'ailleurs il ne souhaite pas comprendre, il verra encore dans l'attitude de son patron du dédain et du mépris faisant de son commissaire, à ses yeux, un ennemi alors qu'ils devrait être un allié.

Dans la rue, et pas uniquement dans les cités, le flic est sans cesse confronté à la violence qui aujourd'hui n'épargne quasiment aucun secteur, aucune région et plus aucune ville. Nouveau dilemme pour lui : face à des voyous déterminés, l'état de la justice (étatique et médiatique), empêche une réponse proportionnée du flic face à la violence reçue. La violence est légitimée par la nécessité et elle devient légale pour un représentant de l'état devant interpeller un voyou qui lui même s'oppose à son interpellation de façon violente. Où commence la violence et à quel moment le policier peut-il l'utiliser dans les conditions prévues par la loi ? Peut-il échapper à la diffusion des images de son intervention sur les réseaux sociaux et pourra-t-il esquiver les insultes et menaces proférées à son encontre sur les mêmes réseaux ?

Lorsque l'on évoque les quartiers sensibles autrement qu'à travers le prisme déformant de reportages bidonnés pour conforter un sentiment d'insécurité grandissant, on remarque évidemment la tension régnant entre les « jeunes » et la police. Ce phénomène est loin d'être nouveau. Aux Minguettes ou à Vaulx-en-Velin eurent lieu les premières émeutes urbaines françaises. Le problème fut pris en considération mais personne ne pouvait alors savoir que ces émeutes allaient être génitrices de bien d'autres plus violentes sur tout le territoire national et qu'elles allaient devenir récurrentes, presque habituelles comme elles le sont aujourd'hui.

Quelle est la vision du policier face à ces bandes de voyous dévastant tout sur leur passage. Les raisons politiques de ce laxisme laissent de marbre les policiers chargés du maintien de l'ordre. Ils assistent à des pillages en règle de boutiques et à des destructions massives d'automobiles dûment stationnées. Face à cela s'opposent des troupes de CRS que l'on va laisser mijoter des heures entières sous les jets de projectiles divers et variés et, bien entendu, sous les crachats. Sous leurs yeux écarquillés la violence bat son plein et eux encaissent sans mot dire...

Finalement, après quelques heures, la troupe est lâchée pour faire cesser les malfrats et les destructions, alors que le taux d'adrénaline est à son paroxysme, comment expliquer ce spectacle non-conforme aux idées que le flic se fait d'un état républicain et de ce que sa formation initiale lui a inculqué mais que l'état laisse perdurer ? Comment interrompre ces émeutes sans l'usage de la violence légitime ?

La disproportion entre le coup de bâton porté par un CRS et la pseudo-passivité d'un manifestant aux bras chargés de vêtements dérobés quelques minutes auparavant est évidente, elle saute aux yeux du quidam planté devant son poste de télévision, mais n'est-elle pas légitimée par une passivité d'un état défaillant préférant abandonner ses policiers à un lynchage en règle ?

Comment le flic, attaché à sa mission, peut-il comprendre qu'on lui demande d'attendre et d'être une cible pour que la « jeunesse des cités » se défoule, puis, sans raison nouvelle, qu'on lui demande soudain d'intervenir. Est-ce la durée qui rend une émeute illégale ?

Pire, comment peut-il comprendre le fondement de tel ou tel ordre, contradictoire ? Comment être fier de sa mission quand il sera d'abord « sparing partner / punchingball » puis offert en coupable idéal dès qu'un coup de matraque sera filmé, sorti de son contexte, exploité par sa hiérarchie même contre lui.

ML

ET SI...

Durant les vingt années passées au sein de notre institution, j'ai été amenée à plusieurs reprises à vivre le suicide d'un de mes collègues. Je pense à eux bien souvent. Ils restent rangés dans un des tiroirs, si nombreux, de ma tête. Des tiroirs qui s'ouvrent de temps en temps, au détour d'une route empruntée avec l'un ou l'autre occupant de ces casiers, à la vue d'une image me les rappelant, à l'écoute d'une chanson me replongeant à leurs côtés, comme un membre de la famille de sang que nous regrettons et à qui nous pensons avec tendresse, je pense à eux, membres de ma famille de cœur, celle que j'ai choisie il y a plus de vingt ans déjà.

Alors, ces tiroirs, je les préserve. Je pense à eux mais aussi à ceux qui restent ensuite, aux collègues qui comme moi ont vécu la perte d'un des leurs. Je crois que plus de la moitié d'entre nous avons vécu cette perte, ou du moins y a été confrontée de près ou de loin à un moment de sa carrière, nous avons tous un collègue qui a pris place dans un de ses tiroirs. Je pense aux questions qu'ils ont forcément dû se poser comme je me les suis posées, à ces interrogations qui ne les quitteront plus, à ces doutes qui les envahissent comme ils m'envahissent encore aujourd'hui.

Parfois, celui qui décide de nous quitter ne laisse rien transparaître, aucun signe ne transpire. Il semble aller bien, il sourit à tout, il parle normalement, il est là comme les jours précédents, il termine sa vacation, mais le soir même, seul chez lui, il passe la corde autour de son cou et, d'un geste brusque mais réfléchi, il envoie valser le tabouret sur lequel il était monté pour laisser son poids se suspendre dans le vide.

Je pense à lui et à cette décision qu'il a prise ce soir-là, nous laissant avec nos interrogations. Des interrogations que chaque flic ayant perdu un des siens se pose : et si ce soir-là nous l'avions un peu retenu, nous avions pris le temps de partager un verre ou tout simplement quelques minutes en fumant une cigarette sur le parking du commissariat avant de monter dans nos voitures respectives, et si nous avions pris le temps de l'écouter un peu plus longuement que les autres soirs, et si nous avions davantage scruté son regard aurions-nous aperçu quelque chose de différent des autres soirs ?

Et si ce soir-là… et si…

Nous sommes le samedi 5 février 2022, un café à la main. Ce matin, je regarde les décisions prises la veille par notre Ministre de tutelle qui a reçu les syndicats et les associations spécialisées afin de tenter de trouver des solutions face à cette vague de suicides sans précédent.

Je ne retiens que celle du déploiement des « sentinelles ». En 2021, 41 collègues ont été formés à la détection des signaux conduisant au suicide, ce sont eux que l'on nomme « sentinelles ». Ces policiers tentent de repérer les collègues en difficultés, l'objectif est de constituer un vivier de 2 000 pour la fin de l'année. Je reste dubitative, bien entendu c'est une bonne chose de former des collègues, mais comment vont-ils être choisis ? Seront-ils désignés volontaires, ou simplement couchés sur un listing rapidement transmis à la direction pour montrer que le contrat est rempli ? Une fois qu'ils seront formés, quelle sera ensuite la solution proposée ? Les moyens vont-ils suivrent ? Que deviendra ce collègue repéré, avant et après ?

À la lecture de cette annonce, je reste interrogative, ce qui me semble naturel devient désormais un objectif, nous avons donc besoin de former des collègues pour que l'on prenne soin les uns des autres, pour qu'on puisse faire attention aux autres. Le monde a changé c'est une évidence, cette nouvelle le prouve.

J'ai été impliquée dans le monde syndical et associatif policiers, ce que je peux dire c'est qu'il est bien difficile d'apporter des solutions si les moyens ne suivent pas, si d'autres paramètres bien éloignés du sujet entrent en jeu.

Et je pense que ce ne sont pas aux associations nées à la sueur du front de collègues désintéressés de palier aux manquements d'une administration aveugle, mais c'est à elle et à elle seule d'apporter de réelles solutions.

Les sentinelles vont être formées parmi les policiers pour tenter de repérer les collègues en difficulté, c'est déjà un premier point positif. Mais que faire ensuite, quel suivi sera-t-il mis en place ? Et quand allons-nous réellement nous interroger sur l'origine de cet état ?

Ce qui nous apparaît clair aujourd'hui c'est l'incapacité de l'administration centrale à se poser les vraies questions alors même que nous, simples flics, en sommes capables. Modestement nous avons relaté le mécanisme poussant au suicide et les pages qui vont suivre vont encore appuyer là où l'administration souffre, en ces points douloureux pour elle et aux endroits où il serait pourtant facile de reconnaître ses erreurs. L'administration est incapable de se remettre en cause alors nous allons poursuivre notre combat et nos écrits.

LG

DE SIMPLES DÉTAILS

Sans vouloir paraphraser France Gall et sa chanson évoquant ce pianiste jouant debout je pourrais écrire que de nombreuses difficultés, de nombreux évènements vont savonner la planche sur laquelle le policier glisse inexorablement vers le suicide. Ce qui impacte le moral des policiers peut paraître des détails pour vous mais pour nous ça veut dire beaucoup...

J'ai évoqué le management qui a été instauré au sein de la police avec ses méthodes abjectes de mépris pour l'humain et ses impératifs quantifiés ; j'ai évoqué encore la pression du chiffre et les désillusions ; j'ai écrit beaucoup sur l'absence d'empathie de l'administration pour ses fonctionnaires vivant quotidiennement la réalité affreuse d'une société malade ; et j'aurais pu encore noircir de très nombreuses pages pour dépeindre ce métier pourtant essentiel en proie à une maladie qui le ronge dangereusement. Mais les causes du mal-être des flics forment une liste non exhaustive...

Parmi ces problèmes certains sont visibles et flagrants alors que d'autres sont plus sournois et cachés derrière de petits détails qui finalement n'en sont pas. Chacun de ces petits éléments va se greffer sur un début de mal-être pour en faire une dépression ou un épuisement professionnel et entraîner le fonctionnaire dans une spirale infernale.

Dans ce magma de causes paraissant souvent dérisoires on trouve une multitude d'explications et de raisonnements trop peu évoqués par les organisations syndicales et l'administration centrale lors des rencontres sur ce thème. Sont évoquées systématiquement les difficultés du métier et le fait que le policier est confronté sans cesse à un quotidien violent où se mêlent la mort et les misères en tout genre. Ce postulat semble faire oublier d'autres thèmes bien plus difficiles à gérer pour un policier. Car considérer que le plus grand des maux de la police est structurel et étroitement lié à son fonctionnement intrinsèque et notamment dans le domaine du management reste un tabou. Ce n'est jamais évoqué en détail malgré les complaintes du personnel de base écrasé par une hiérarchie inhumaine seulement animée par la rentabilité de son personnel dans le but inavoué de toucher des primes aux résultats importantes.

La police a bien changé et est finalement un échantillon représentatif de notre société, elle-même obnubilée par la rentabilité et l'argent. L'hôpital est malade et l'Éducation Nationale ne se porte pas mieux pour les mêmes raisons, mais malgré ce constat, rien ne parvient à inverser cette tendance devenue l'unique paradigme de nos élites souvent élus et ayant un droit de vie ou de mort sur notre démocratie, en faisant fi des attentes réelles et des besoins essentiels des citoyens.

Pour notre belle institution policière que pourrions-nous faire de plus ? Cette question nous hante jusqu'à nous empêcher de dormir et après avoir parcouru des kilomètres pour aller à la rencontre de collègues en difficulté ou ayant été confrontés directement au suicide de policiers, que pouvions-nous faire encore pour réveiller les consciences de cette lourde administration pour que plus jamais il n'y ait des policiers qui se suicident.

Au-delà de nos parcours professionnels au sein de la police, Laure et moi sommes deux citoyens engagés, deux personnalités aussi au caractère trempé et aux intentions fermes que nous souhaitons mener à bien. Dans cet exercice, il nous appartient de rester sobre puisque le sujet ne nous permet pas de laisser aller notre colère par respect pour ces douze flics tombés récemment. Mais nous nous sommes donnés comme but de porter à la connaissance de nos lecteurs les détails des méandres du cerveau policier malade. Nous avons appris, tout au long de ces années passées dans la police, que la colère n'était pas forcément constructive et que l'invective pouvait se retourner contre nous ou plutôt contre notre cause. Alors nous nous sommes posés après avoir atteint une centaine de pages noircies, posés pour regarder devant plutôt que de laisser aller nos regards et nos colères vers ce constat triste. Il ne nous appartient pas de nous lamenter, cela est l'apanage des familles des défunts. Cet ouvrage a été conçu aussi comme un hommage à tous ces policiers qui ont eu le courage ou la faiblesse de se tuer, non comme une étude sociologique, et cela nous y tenons.

Laure, encore en activité aujourd'hui, ne peut s'empêcher de porter secours à ses collègues. Elle est omniprésente sur tous les fronts de l'injustice et défend bec et ongles les policiers souffrant de mal-être. Elle est en permanence aux aguets et met en place, dans son service, de petites attentions servant à réunir ses collègues autour d'une table.

Alors que faire ?

L'heure n'est plus aux palabres, il est impératif d'agir vite.

Je n'ai pas forcément le sens de la formule et je trouve que les belles théories n'ont jamais fait avancer quoi que ce soit, aussi la seconde partie de ce livre va-t-elle comporter des propositions concrètes pour améliorer le quotidien des policiers dans le but avoué de réduire le nombre de suicides au sein de ce qui fut jadis « la grande maison ».

Le constat est terrible et chaque jour nous tremblons afin de savoir si la longue liste a vu un autre nom s'y inscrire. Pour empêcher cela il faut dans un premier temps que la haute administration prenne conscience qu'elle a une vraie responsabilité et que ces morts brutales ne sont pas le résultat des difficultés inhérentes au métier car ces difficultés ont toujours existé.

Les voitures minables et les locaux vétustes ont de tout temps été le lot des fonctionnaires de police et encore plus de ceux de la direction de la sécurité publique. Déjà sous Clémenceau les voyous circulaient dans des voitures plus rapides et en meilleur état que celles de la police. Les affrontements avec les voyous ont jalonné l'histoire de la police et finalement dans son fonctionnement elle n'a pas beaucoup évolué excepté dans son mode de direction. La dégradation des conditions d'exercice du métier a commencé alors que cette notion vague du management était intégrée par le corps de direction sous la houlette du ministre de l'intérieur Nicolas Sarkozy.

Ce qui est le plus marquant aujourd'hui dans la liste des suicidés, c'est bien la moyenne d'âge qui descend étrangement et brutalement. Comment un gamin de vingt ans, à peine sorti de l'école de police, peut-il basculer aussi vite dans la dépression et l'épuisement personnel ?

À cette question nous n'avons pas trouvé d'autres réponses que celle que nous pouvions aller chercher dans les analyses statistiques des sociologues sur le suicide en général et pas seulement dans la police. De toute évidence, c'est la moyenne d'âge nationale des tentatives de suicide qui a chuté mais ce qui est plus intéressant d'analyser encore c'est la rapidité de l'épuisement professionnel chez les jeunes flics. Là nous sommes confrontés à des incertitudes puisque les autorités masquent souvent les raisons de cet acte alors que les familles désemparées ne parviennent pas à comprendre et sont dans une recherche de vérité. Mais cette vérité peut-elle ne pas être polémique ? Bien évidemment non puisque les circonstances des suicides laissent presque toujours une part d'ombre et d'incompréhension inhérentes à l'emploi et aux conditions d'exercice.

C'est ce que nous avons pu mettre en évidence c'est que les plus anciens policiers sont totalement épuisés. De nos recherches est ressorti ce constat sans appel, pour avoir échangé longuement avec des policiers quadragénaires, ils en ont tous ras la casquette et une grande partie d'entre eux opteraient pour un départ et une reconversion professionnelle s'ils en avaient la possibilité. Mais dans ce domaine-là une fois encore l'administration brille par la carence de propositions et passe sous silence ces envies pressantes de quitter l'institution.

Ce constat-là est encore affligeant puisque en pleine force de l'âge ces flics-là n'ont qu'une envie : déposer à tout jamais leur arme et leur carte tricolore pour reprendre une vie normale.

Il faut donc y voir deux choses. La première, ce désir impérieux de démissionner et la deuxième, que la vie de flic n'est pas ou n'est plus conçue comme une vie normale. L'épuisement professionnel a envahi tous les services et voir un flic motivé aujourd'hui relève plus de l'utopie que de la réalité. Voilà donc un fait que les organisations professionnelles tentent de faire comprendre à une administration totalement aveugle et poursuivant sans vaciller sa politique managériale abjecte et inhumaine.

Mais ce qui est paradoxal c'est que ceux ayant atteint la limite d'âge et ayant fait valoir leur droit à la retraite n'hésitent pas pour certains d'entre eux à réenfiler l'uniforme pour devenir réserviste alors que quelques mois auparavant ils vomissaient la police et juraient sur la Sainte Bible que jamais plus ils ne remettraient les pieds dans un commissariat sauf conduits menottes aux poignets. Une fois encore, on peut s'interroger sur ce comportement qui donne évidemment du grain à moudre à une administration bien heureuse de récupérer du personnel déjà formé sans avoir à le recruter et la simple explication de cet engouement des retraités pour la réserve est évidemment financier puisqu'ils sont rémunérés à hauteur de neuf mille euros net d'impôts et par an. Dès sa mise en retraite le policier, comme tout salarié, subit une perte de pouvoir d'achat et ne lui offre t-on pas, avec la réserve, un moyen de compenser cette perte ?

De plus il est important de comprendre que le réserviste sera moins engagé et sa motivation, n'étant que pécuniaire, ne permettra pas d'aller au combat contre une délinquance déterminée et violente. Pour en avoir côtoyé je peux assurer qu'avec bon nombre d'entre eux, alors que nous policiers d'active les sollicitions, nous n'avons essuyé que des refus de s'engager, alors qu'ils l'auraient fait s'ils avaient été encore en activité.

Dès lors il devient complexe de faire admettre à une administration centrale que le métier est complexe et générateur de suicides alors qu'une armée de vieux flics retournent leur veste à peine placés en retraite pour… de l'argent !

Le nerf de la guerre une fois encore fausse le jeu et ça, croyez-moi, ce n'est pas un petit détail.

ML

ÉCHÉANCES

Il y a des dates dans l'année qui semblent remuer les esprits de mes collègues et échauffer certains d'entre eux.

Je connais trop bien ces moments du fait de mon parcours comme représentante du personnel durant près de quinze ans. Je sais les difficultés de ces périodes autant pour ceux qui tentent d'obtenir satisfaction pour leur mandant que pour ceux qui sont dans cette attente, et tous les ans, ça recommence.

Actuellement, nous sommes dans une de ces périodes, celle des avancements.

Il y a un mois nous avons passé l'échéance de la liste secrète de ceux qui allaient voir apparaître sur leur feuille de salaire de décembre la prime aux résultats exceptionnels. Je me souviens avoir préparé un moment de convivialité afin de réunir mes collègues un vendredi du mois de décembre. Certains se regardaient en chiens de faïence et le sujet était sur toutes les lèvres : qui allait toucher la fameuse prime ? Qui était plus méritant que son voisin de table ? Sur quels critères objectifs celui qui se trouvait assis à ma droite était moins méritant cette année que celui qui se trouvait à ma gauche ? Le chef de groupe de la brigade judiciaire, vers qui les regards et les questions se tournaient, jurait qu'il n'avait pas cette liste et qu'il ne pouvait répondre, qu'il n'était pas le décideur... Je crois qu'ils ont fait semblant de le croire mais le malaise régnait, les incompréhensions planaient et le sentiment d'injustice naissait sans pour autant que l'on sache qui allait toucher cette prime annuelle.

Je connais la difficulté de désigner les lauréats à cette prime que l'on annonce chaque année comme étant abolie mais qui revient pourtant pour mieux semer la discorde, pour mieux séparer un groupe : comment donner un ou deux noms en sachant que quoi qu'il advienne les dix autres ne comprendront pas le choix fait ? Un ou deux noms pour une poignée de graines, pour une part bien maigre d'un gâteau savoureusement dégusté par les hauts responsables qui valident d'un sourire satisfait la fameuse liste d'une signature en bas de page, et avec un stylo Mont-Blanc de préférence.

La déception passée pour certains de ne pas être encore une fois désigné, vient l'échéance des avancements, et nous y sommes aujourd'hui.

Ce matin, au détour de la traditionnelle réunion « du café », nous ne parlons plus que de ça.

Ce week-end, le ministre a annoncé qu'il n'y aurait plus d'examen entre le grade de Gardien de la Paix et celui de brigadier, que nous avons enfin accès à une carrière « plane », du moins pour ce grade-là, une avancée qui paraît importante et elle l'est. Nous sommes parmi les trois corps des actifs de la police nationale celui qui passe le plus grand nombre d'examens au cours de sa carrière. Avant cette décision, nous devions passer à chaque fois un examen pour accéder au grade supérieur, un gardien de la paix avait trois examens à passer avant d'atteindre le grade de major, ce qui n'était évidemment pas le cas pour le corps des Officiers et encore moins pour le corps de Direction et de Conception. Nous, membres du corps d'encadrement et d'application, nous devions non seulement obtenir la réussite à un examen, sans cesse modifié dans son fond et dans sa forme d'ailleurs, mais ensuite patienter pour être nommé, et encore certains sont partis en retraite sans l'être.

Cette pression sur ces examens et sur la nomination ensuite font que nous sommes continuellement en attente, et chaque année a son lot de déçus, et des collègues s'enferment dans une désillusion, dans un sentiment d'échec, dans un sentiment de non-reconnaissance de leur travail accompli.

Au cours de ma carrière, j'ai vu bon nombre de mes collègues se refermer et jeter l'éponge, car ils avaient justement ce sentiment d'abandon qui pouvait atteindre son paroxysme lorsque un collègue était nommé avant eux sans raison objective. J'ai vu certains flics de terrain, pourtant des plus motivés et des plus compétents, baisser les bras durant des mois après avoir remarqué cette injustice, cet avancement non justifié, juste parce que l'autre collègue, impatient et ne voulant pas attendre son tour, avait la chance de profiter d'un système parallèle, justifié ou non. Quand certaines choses ne parviennent pas à être expliquées, un sentiment d'injustice naît et conduit ceux qui en sont victimes à un profond sentiment de mal-être. Il n'y a rien de plus ravageur que ce sentiment d'injustice pour détruire la meilleure volonté, pour amener le meilleur flic de France à ne plus croire en rien, et certainement pas en sa Police.

Nous buvons notre café insipide lorsque la nouvelle tombe. Dorénavant nous sommes soumis à la mobilité pour prendre l'avancement de Chef et de Major, c'est acté. Chaque année nous allons devoir passer un examen, le réussir et attendre la liste des postes proposés par l'administration. Selon le classement à cet examen, nous choisirons notre affectation parmi ces postes. Si nous ne sommes pas promus, il faudra recommencer l'examen l'année suivante ou bien accepter la mobilité, le déménagement, l'inscription des enfants dans une nouvelle école...

Une avancée ? Pas certaine, je lève les yeux de ma tasse, mes collègues en attente d'une promotion sociale, en attente d'une reconnaissance après vingt ans de bons et loyaux services sont tous interdits. La bête nous surprendra toujours, elle n'a pas fini de nous diviser et de nous voir nous déchirer.

LG

MANAGEMENT INHUMAIN

La chose n'est pas si facile que cela et être à la tête d'une troupe reste un savant mélange entre autorité et humanité.

Si on fait un peu d'histoire on peut comprendre que la police a été contaminée par la gestion capitalistique, domaine où règnent allégrement d'autres mots abjects comme rentabilité et efficience. Mais ce qui est assez étrange, voire même comique si cela n'était pas aussi dramatique, c'est que la police a pompé ces méthodes en les appliquant non seulement à un service public mais aussi et surtout sans en comprendre complètement la définition et sans en mesurer pleinement les effets néfastes. Car si le management est à la base et surtout en théorie un mode de direction adapté, il en devient pervers et destructeur lorsqu'il est détourné de sa philosophie initiale pour ne devenir qu'un moyen de pression dans lequel subsiste seulement la sanction et non la récompense. Cette mauvaise application du management a été l'apanage des services publics au détriment d'une qualité de service muant la police en une troupe sous-considérée par une hiérarchie incapable de songer en termes de ressources humaines mais bien obnubilée par ce qui leur a été enseigné : comment faire faire toujours plus à un fonctionnaire de police avec de moins en moins de moyens et sous les feux d'une presse avide de scoops et de téléphones portables prêts à immortaliser un instant policier, capables d'engranger des multiples pouces bleus ou d'oisillons de la même couleur.

Indéniablement, ce sont ces méthodes de management bidouillées pour pouvoir entrer dans l'entonnoir policier qui ont dénaturé la mission policière et ont largement contribué à pousser certains vers le suicide. Il est intéressant de comprendre les attitudes des membres de la direction policière et surtout quels sont leurs buts, si tant est qu'il en existe d'autres que ceux d'infantiliser et terroriser les personnels. Car dans les commissariats aujourd'hui on peut constater une carence totale de sanctions et plus encore d'autorité, face aux comportements des policiers de la base. Si on se penche un peu sur la propension de bon nombre de fonctionnaires à éviter de prendre une plainte, on constate vite que la léthargie de ces derniers, même flagrante, n'est que très rarement sanctionnée. En revanche si ce même fonctionnaire de police traîne la patte pour faire du chiffre la hiérarchie sera intraitable puisque le service rendu aux citoyens, même pour la hiérarchie, n'est qu'un vague souvenir dont la police usait il y a quelques dizaines d'années maintenant. Ce mangement à deux, voire trois vitesses, déstabilise les policiers jusqu'à leur faire perdre pied. Comment comprendre une sanction que l'on inflige à un flic suite à un manque de chiffre alors que celui qui est abonné aux congés maladies abusifs ne fera l'objet d'aucune réprimande ?

Mais ce qui reste incompréhensible pour les observateurs privilégiés que nous sommes c'est que personne n'ait mis en évidence la corrélation entre les suicides et ce mode de direction. Visiblement ce qui est évident ne saute pas aux yeux du plus grand nombre et encore moins des responsables du haut de la rue du Faubourg-Saint-Honoré. Lorsque je pose mon raisonnement et que je fais référence à mon passé dans la police je ne peux occulter les méthodes utilisées par ceux qui se considéraient comme des managers et ce plafond de verre que nombre d'entre eux semblaient avoir atteint. Leur frustration générant colère et vice dont le seul moyen de se défaire restait de taper sur la tête du petit personnel en le harcelant. Si, à cela, on ajoute une forme de principe de Peter, à savoir que chaque employé, dans une hiérarchie, à tendance à s'élever à son niveau de compétence, on donne un instantané bien terne d'une hiérarchie et d'un management dévastateur.

Pour écrire ce livre nous nous sommes plongés dans l'analyse et des nombreux échanges avec des policiers de tous les grades.

Ce qui ressort de ces entretiens est bien évidemment un malaise puissant ayant envahi les rangs de la police mais, excepté le corps de direction, tous évoquent la hiérarchie et le management, sans parfois être capables de les nommer, mais en insistant sur les effets terribles du commandement sur leur état psychologique. Ce qui est mis en avant est la relation que la base entretient avec la hiérarchie, si tant est qu'il y en ait une autre que celle liée à la verticalité, puisque pour beaucoup de ces commissaires le gardien de la paix est un décérébré auquel on ne peut accorder sa confiance.

La hiérarchie, avec son mode de management, est-elle la seule responsable de cette vague de suicides ? Bien évidemment non mais ce qui fait défaut aux plus petits des personnels c'est le soutien et la confiance du corps des gradés, dont ils ont besoin. À la place, on trouve des méthodes managériales ne souffrant aucune mise en cause depuis le plus haut sommet de la pyramide hiérarchique.

Quels sont les besoins basiques d'un policier ? Pour répondre, je vais m'inspirer de la pyramide de Maslow et pas seulement parce que cette théorie fut enseignée, dans le cursus de formation de passage de grade de brigadier à brigadier-chef, mais parce qu'elle représente bien l'appétence fondamentale des policiers.

Je l'écrivais ci-dessus, bien qu'enseignée elle semble être ignorée quant à sa mise en pratique par toute la chaîne hiérarchique comme si ce qu'elle mentionnait faisait peur par sa justesse.

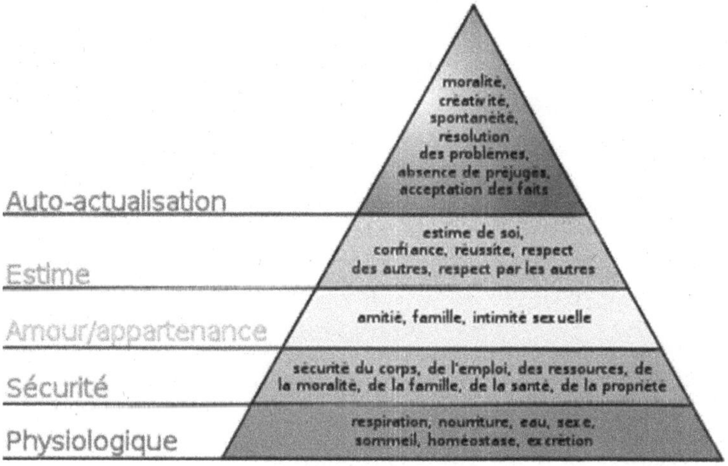

Si on suit les différentes strates de cette pyramide, on comprend très vite que le policier perd pied dès le premier niveau. En effet, dès la base se trouvent les besoins vitaux, ceux dont la vie physiologique dépend directement comme l'alimentation, le sommeil. Mais ces besoins essentiels et basiques sont rapidement ébranlés chez le policier puisqu'il vit en horaires décalés, perd souvent le sommeil et a du mal à avoir une alimentation saine puisqu'il déjeune ou dîne régulièrement dans des réfectoires indignes en avalant un mauvais sandwich fait à la hâte, ou acheté dans un distributeur de produits manufacturés, remplis de graisses et de mauvais sucres. Si on monte un étage, d'après Maslow, on trouve le niveau de l'environnement et de la stabilité personnelle et professionnelle et là encore le policier évolue dans un univers inapte à gérer les conflits d'une société malade alors qu'il ne peut gérer ses propres problèmes. Au niveau supérieur se trouve l'affection donnée par les autres et là non plus le policier ne bénéficie d'aucune attention de sa hiérarchie puisque trop souvent il est dévalorisé et humilié par cette dernière. Je progresse toujours jusqu'au niveau supérieur pour trouver l'estime de soi et bien évidemment j'affirme encore que le policier ne peut avoir une bonne estime de lui-même puisqu'il n'a pas l'estime de son administration et de sa hiérarchie. Ensuite et pour terminer, au dernier étage on découvre le besoin d'accomplissement de soi. Est-ce que le policier parvient à satisfaire, au moins sur le plan professionnel, ses propres ambitions, peut-il accomplir ses désirs et ses rêves ? J'en doute fortement...

Ce qui est frappant dans cette pyramide, bien qu'elle ait été remise en cause, c'est qu'elle est enseignée dans les cours de base du management policier. J'ai moi-même reçu cet enseignement sans que le formateur ne mette en difficulté la théorie puisqu'elle semblait être l'unique référence en matière de gestion et de direction du personnel. Mais alors que ma simple démonstration de l'inadéquation entre les théories de Maslow et la condition du policier met en évidence les carences de l'administration centrale, cette dernière refuse de voir où sont les maux qui touchent les policiers et s'entête à protéger la hiérarchie et ses modes de management décalés et inhumains.

Le ministère de l'intérieur refuse de voir et surtout de reconnaître de façon pragmatique le malaise psychologique grandissant dans les rangs de sa police nationale. La démonstration faite est simple, certains pourront dire simpliste, mais elle est concrète et tous les policiers concertés et concernés l'ont approuvée lorsque je l'évoquais. Détaillant les strates de la pyramide et les besoins mentionnés, chaque fonctionnaire admettait ne pas obtenir satisfaction et ce dès le premier niveau.

Nous sommes en droit de nous interroger sur cette cécité administrative et même cette surdité puisque depuis le fond des commissariats les policiers hurlent leur mal-être sans que les cris ne parviennent jusqu'aux oreilles des décideurs bien trop occupés à trouver des causes inhérentes à la vie personnelle des policiers et justifiant le passage à l'acte pour se donner la mort.

Un jour peut-être comprendront-ils qu'ils font fausse route et assumeront-ils leurs erreurs mais pour l'heure il faut poursuivre sur ce chemin conduisant à la perte de l'institution et au drame de voir partir brutalement et dans une violence inouïe des jeunes et des moins jeunes gens, ayant pourtant décidé de servir leur pays.

Ce qui m'insupporte c'est bien cette liste abominable qui s'allonge chaque jour ou presque et à laquelle personne ne semble capable d'apporter une vraie solution. Nos écrits sont là et nos démonstrations ont été approuvées par tous les policiers que nous avons rencontrés pour les interroger sur leurs ressentis et leurs émotions. Ils sont tous unanimes, et même si bon nombre d'entre eux se cachent derrière une forte pudeur ou une crainte d'être vus comme le dépressif du service, ils ont tous, face à nous deux, exprimé leur mal-être en espérant que nous pourrions leur apporter sinon la solution, au moins quelques clefs pour dénouer les innombrables nœuds serrant leur gorge et leur âme.

Ce matin, j'espère que ce livre pourra les aider.

ML

ON COMPTE SUR VOUS !

Il y a quelques mois encore, j'étais membre active au sein d'une association qui vient en aide aux collègues, ou du moins qui tente de le faire avec les moyens dont elle dispose et surtout avec la volonté de ceux qui la composent. Volonté qui peut être parfois effritée, emportée, voire faussée si elle est rattrapée par un intérêt personnel au détriment du collectif. Car oui, l'humain et ses travers rattrappent régulièrement ceux qui endossent des responsabilités, quelles qu'elles soient.

Depuis quelques années, et précisément depuis les manifestations des policiers démontrant leur exaspération après l'attaque de Viry-Châtillon début octobre 2016, de nouvelles associations ont vu le jour, principalement actives sur les réseaux sociaux, elles tentent d'apporter du réconfort aux collègues en difficulté.

Elles ont émergé à la sueur du front de leurs créateurs, sans moyens ni partenariat avec le ministère de l'Intérieur. Elles tentent d'apporter quelque chose et d'être reconnues. Les trois principales sont : ASSOPOL (association police), PEP'S (police entraide Prévention et lutte contre le Suicide) et APS (alerte policiers en souffrance).

Dernièrement, elles ont été reçues par l'administration et l'une d'entre elles, l'association PEP'S (crée en 2019), a même bénéficié d'un séjour au Québec afin de se former sur le malaise policier avec le programme « ensemble pour la vie » qui a fait baisser de 79 % les suicides il y a 15 ans et ce de manière durable. Il est important de prendre exemple sur ce modèle durable et efficace.

Elles mettent en avant le programme 6C venu d'Israël, six mots commençant par la lettre « C », dont certains sont en anglais : Commitment (engagement), Cognition, Challenge (éprouver), Contrôle, Continuité et Communication. Ce sont les piliers d'une méthode de réaction qui s'utilise à chaud et dans les 48 heures qui suivent un traumatisme.

Je fais partie de l'une d'entre elles depuis peu. Je ne peux me résigner à rester les bras croisés, et regarder ainsi le compteur des suicidés se gonfler mois après mois avec un rythme de plus en plus élevé. Chaque année c'est insupportable. Je dois tenter d'aider celui qui baisse les bras, celui qui est épuisé, mais de par mon expérience je sais pertinemment que c'est une mission énergivore, difficile, lorsqu'on travaille et que l'on a également une vie de famille. Le temps que l'on voudrait donner nous semble toujours insuffisant.

Je me souviens, en arrivant sur Marseille en 2013, qu'un Directeur Départemental de Sécurité Publique avait eu le courage de faire ce qu'aucun autre n'avait osé : détacher un effectif à plein temps pour s'occuper uniquement du social, et quand je dis social, c'était tout ce que cela pouvait impliquer.

Bien entendu, à cette époque, la seule association qui existait était l'ANAS, et c'était le secrétaire départemental de l'ANAS qui était ainsi libéré de toutes contraintes pour s'occuper de ses pairs. Et il y avait de quoi faire.

Sans vouloir avancer de chiffres, je peux dire qu'une grande partie des hospitalisations au centre du Courbat était générée par le département des Bouches-du-Rhône, et pourquoi ?

Parce que dans ce département, un policier occupait la totalité de son temps à aider ses pairs, il ne le faisait pas en dehors de son temps de travail entre le bain du petit dernier et la préparation du repas du soir, non, il le faisait durant sa journée, c'était son travail, et il n'avait aucune pression pour l'effectuer, sauf celle du mal-être grandissant des collègues.

Alors pourquoi cette initiative n'a-t-elle pas perduré, pourquoi, malgré son efficacité, n'a-t-elle pas été reproduite dans les autres départements ? Par manque d'effectifs ? Par frilosité de l'administration ? La question mérite d'être posée et la réponse donnée. À ce jour, le DDSP à l'initiative de cette petite révolution qui aurait pû être une véritable solution est parti, et le collègue a dû reprendre son affectation initiale. Depuis, le nombre d'admissions des collègues des Bouches-du-Rhône au centre du Courbat a diminué, non pas que ces derniers aillent mieux mais tout simplement parce qu'ils sont moins pris en charge.

Cela me renvoie aux sentinelles, cette proposition récente de notre ministre de tutelle qui montre une volonté de former des flics pour veiller sur des flics. Pour que cela puisse fonctionner, il ne fait aucun doute que cette mission doit être confiée aux policiers souhaitant réellement s'investir, et qui ne doivent en aucun cas être désignés d'office, qui ne doivent pas être tirés au hasard afin de pouvoir vite compléter une liste qui doit être rapidement transmise à la Direction centrale.

Une première phase expérimentale a permis de former 41 fonctionnaires de Police en 2021. Des Policiers formés pour détecter des signaux faibles des difficultés que rencontreraient leurs collègues. 2 000 sentinelles doivent être formées d'ici la fin de l'année et cet objectif sera atteint, nous en sommes certains, mais nous avons déjà les échos de ces sentinelles désignées. Les supérieurs n'hésitent pas à désigner d'office des collègues étant à l'opposé du profil recherché. Ainsi, certains ont vu leur nom couché à la hâte afin de transmettre dans les temps une liste de sentinelles non volontaires, non motivées donc non concernées.

Dans plusieurs services, les volontaires ne se bousculant pas, sentant surtout qu'ils serviront de « fusible » à l'administration en cas de « non détection » de l'un des leurs qui a malheureusement franchi le cap voient ainsi apparaître leur nom sur cette liste à leur plus grande surprise, et se voient convoqués dans la foulée à un stage de deux jours. Oui, l'objectif sera atteint même si au 15 juin, seulement 80 sentinelles ont suivi ce stage de deux jours. Le temps sera rattrapé à un rythme soutenu à la rentrée !

Désigner parmi nous, pourquoi pas, après tout la première des associations créée en 1949, l'ANAS, avait ce slogan « créé par des flics pour des flics », mais il faut aller plus loin. C'est à l'administration d'être courageuse et de nous donner les moyens de nous en sortir, c'est à elle d'assumer ses responsabilités et non pas d'ouvrir un parapluie, ou plutôt un parasol, en faisant croire que les seules sentinelles pourront résoudre le mal-être bien présent dans nos rangs. Sommes-nous condamnés à ne nous en sortir que par nous-mêmes ? Certes, il faut agir sur les burn out, mais il faut agir en amont également en termes de condition de travail, d'organisation de travail et arriver à réconcilier vie privée avec vie professionnelle.

À ce sujet, autre constat que j'ai pu faire lors de mon expérience associative : nous sommes près de 150 000 fonctionnaires de police et nous n'avons aucun comité d'entreprise, aucun avantage quelconque, rien de tout cela. Pour quelle raison ? Bien entendu il y a à Paris des associations comme Louis Lépine ou Jean Moulin qui proposent de temps en temps des voyages ou des places de spectacles à tarifs réduits, et bien entendu il y a également l'ANAS et ses centres de vacances, mais pour bénéficier de ces derniers, il faut être adhérent, passer devant une commission d'attribution et espérer que votre demande soit retenue, selon des critères que je ne comprends pas toujours... Il y a également la tenue, par département, deux fois par an, de la CLAS, le Comité Local d'Action Sociale. J'y ai siégé dans deux départements différents, dans celui du Gard et dans celui des Bouches-du-Rhône et mis à part quelques mesures qui diffèrent comme le chèque-naissance plus important de quelques euros dans le Gard que dans les Bouches-du-Rhône, le budget alloué par fonctionnaire ne change pas, il est de moins de 2 euros par fonctionnaire et par an, moins de 2 euros... voilà l'action sociale du ministère de l'Intérieur pour ses agents !

Je me paierais bien une friandise pour adoucir mon amertume, mais je ne suis pas sûre d'en avoir les moyens !

LG

LA PERFECTION

Nul n'est parfait !

Il s'agit là d'un vieil adage qui semble fonder et représenter la vérité. Pour une fois qu'un adage se vérifie et que l'on peut l'appliquer sans risquer de se tromper ou de passer pour un idiot.

Si la perfection n'est pas de ce monde, il apparaît pourtant qu'un seul individu se doit, aux yeux d'une multitude de juges professionnels ou auto-proclamés, de l'être et pas seulement dans ses propos ou dans ses postures mais bien évidemment dans l'accomplissement de sa mission que lui confie l'état. J'ai nommé une fois encore le policier.

Car c'est encore dans ce domaine que le flic va être la cible de flèches aux pointes acérées et que ce qu'il va entendre et lire va le pousser encore un peu plus vers le fond abyssal de la déprime en le laissant dans une totale incompréhension.

Ce dont je parle est bien le quotidien du policier et ce qu'on lui impose en termes d'obligation de résultats et surtout de bons, voire d'excellents résultats, alors que tout manquement à ces obligations sera lourdement sanctionné. Dans tous les cas de figure, le flic est soumis à cette pression de réussite face aux multiples situations qu'il va rencontrer et qu'il doit résoudre alors que la plupart demeureront insolubles et ne trouveront de solutions que face à un tribunal et à une décision de justice.

Chaque fait et geste du policier intervenant sera décortiqué, analysé pour être sans cesse remis en cause par des ronds-de-cuir installés dans de bureaux surchauffés bien à l'abri de l'agressivité de la rue et de sa haine anti-flic. Ils auront le temps d'étudier les images de vidéosurveillance, pour les décortiquer afin d'en extraire quelques dixièmes de seconde qui, d'après eux, auraient pu, auraient même dû pouvoir changer le cours de l'affaire et ne pas conduire au désastre.

Pour un policier, faire usage de son arme reste exceptionnel et encore plus lorsque cette arme est dirigée vers un être humain et que le projectile qu'il doit lancer peut anéantir une vie ou plusieurs.

Si j'en juge par ma propre expérience, et notamment pour ce qui est de l'usage de l'arme pour faire feu sur un individu, je peux affirmer que l'acte n'est pas anodin et qu'il marque l'esprit du tireur pour le restant de sa vie. Ce qui est le plus marquant n'est pas tant le seul fait de faire feu mais toute la situation qui va conduire à extraire son arme de l'étui, de la diriger vers une cible humaine et presser la détente en sachant, dans le laps de temps bien trop court à une prise de décision, que la pression sur la queue de détente va conduire un homme vers la mort. En ce qui me concerne, c'est bien cela qui m'a marqué. Je revois encore la cagoule noire et le fusil au canon scié, j'entends encore les cris et je ressens toujours les odeurs qui ont précédé les deux coups de feu que j'ai lâchés vers cet homme venant de braquer une caisse de station service.

Après avoir fait feu, j'ai souvenir d'avoir entendu un lourd, un très lourd silence qui semblait ne pas finir. J'étais au sol et je n'étais dès lors qu'animé par l'adrénaline. Je ne pouvais comprendre que ce que je venais de vivre était réel et que l'une de mes deux balles avait atteint sa cible. Je crois qu'à ce moment-là j'aurais voulu que cette situation n'ait jamais existé. J'avais peur et j'avais bien plus peur de ce qui risquait d'en résulter pour moi en termes de sanction que de connaître, à cet instant-là, l'état de santé de l'homme que je venais de blesser. Aujourd'hui, je peux encore analyser le magma qui s'était placé dans mon crâne et les quelques dixièmes de secondes ayant précédé mon retour à la lucidité. Je peux affirmer que j'ai repassé le film de ce que je venais de vivre afin de me convaincre que je n'avais pas tiré injustement sur une personne, que je me trouvais bien dans un état de légitime défense, que le cadre légal avait été respecté. Et même si j'avais eu affaire à un homme armé je préparais dans ma tête, en vrac, les arguments pour me défendre lors de l'enquête judiciaire qui allait me placer face à d'éventuelles contradictions engendrées par un état de stress important et un choc post-traumatique évident. Il aurait fallu que je sois parfait !

Mais comment l'être face à une situation jamais décrite dans des manuels d'instruction ni jamais répétée en école de police, malgré mes huit années de Brigade Anticriminalité de nuit dans un secteur très difficile, jamais auparavant vécue. Il m'a fallu de nombreuses années pour ne plus être angoissé par ce souvenir, dont je n'ai pu me libérer tout à fait. Alors, juste après mon tir, j'aurais bien été incapable de relater l'évènement.

Cette question n'amène pas de réponse exacte et précise. Elle reste en suspens puisque c'est son esprit qu'il faut gérer et surtout cette crainte de devoir se justifier de s'être défendu dans une situation de tête-à-tête avec un homme armé et déterminé.

J'ai traîné durant de longues années une espèce de sentiment de culpabilité lié au fait d'avoir tiré sur un homme. Il m'a fallu beaucoup de temps pour comprendre ce ressenti et ces doutes, il ne s'agissait en fait que d'une crainte du regard de la société sur celui qui avait tiré pour tuer, sur celui qui, un bref instant, avait le pouvoir de décider de la vie ou de la mort de l'autre. Pour avoir évoqué cette affaire à plusieurs reprises, j'ai compris que l'usage d'une arme à feu était, pour quelques personnes n'ayant jamais eu l'occasion de tirer sur un homme et avides de sécurité, un exploit, alors que l'immense majorité jugeait mon geste en me questionnant inexorablement sur un éventuel moyen d'échapper à la situation, sur la possibilité de faire autrement ou même sur une supposée surpuissance pour neutraliser à mains nues un braqueur armé. Chaque fois je me suis senti jugé et j'ai compris bien plus tard que cette affaire avait largement contribué à me faire glisser vers l'épuisement professionnel.

Je n'avais pas été parfait... il fallait que je m'explique continuellement, que je retrace chacun de mes gestes, précisément, que je replonge inexorablement vers cette situation que je tentais d'effacer de ma mémoire, mais en vain. Ce qui restait le plus difficile et délicat était sans aucun doute de décortiquer mon ressenti durant ces quelques dixièmes de secondes précédant mes coups de feu comme les instants qui avaient suivi. Je crois sincèrement que je ne suis jamais parvenu à expliquer à mes interlocuteurs ce que j'avais connu, vécu et ressenti.

Même si ce que je vais écrire peut surprendre, je dois préciser que ce n'était pas l'état dans lequel se trouvait l'individu qui m'a inquiété – puisque je savais pertinemment, après avoir retrouvé ma clarté d'esprit, que j'avais agi en état de légitime défense –, mais bien les foudres de ma hiérarchie que je savais tapie dans son bureau, déjà prêt à m'interroger et à me désigner coupable sans la moindre hésitation si le plus petit doute avait subsisté.

Ce qui semble intéressant c'est bien de s'interroger sur cette appréhension que ressent le policier après avoir fait feu et pourquoi il la ressent. De toute évidence, c'est qu'il a connaissance de la lâcheté de son administration face à une telle situation et qu'il sait qu'il sera abandonné face à des hordes de dénigreurs. Ce sentiment d'abandon vrai ou supposé est flagrant chez les flics.

Mais la gestion d'une affaire de police ne se limite pas à l'utilisation de l'arme de service, qui reste exceptionnelle. Bien d'autres comportements de flics vont être jugés en tentant chaque fois de mettre en évidence les manquements. Dans ce domaine-là, le policier fait face à plusieurs ennemis dont certains sont à l'intérieur de l'institution alors que d'autres, les plus dangereux et les plus prolixes en matière d'invectives et de jugements hâtifs, demeurent loin de la profession. Ils évoluent dans des rédactions de journaux anti-flics, sont à la tête d'associations ou occupent des postes dans des partis politiques d'opposition, ne dissimulant pas l'acronyme qu'ils adorent : All Cops Are Bastards (ACAB). Sans omettre de mentionner une certaine caste issue de la magistrature dont les ambitions et l'ignorance du métier de flic de rue ne permettent pas d'analyser objectivement les affaires et les policiers qu'ils ont à juger.

Cette catégorie de personnes exige donc que le flic soit parfait, que ses actions le soient encore plus et que le service qu'il rend soit conforme à ce qu'ils souhaiteraient, au mépris parfois des règles élémentaires du droit pénal français.

Car voyez-vous le policier sera sans cesse jugé pour ne pas avoir su analyser au plus vite la situation le mettant en danger et y réfléchir quand l'instinct de survie prend le pas sur les règles de procédure et le code de déontologie. Une fois encore je peux affirmer avoir sorti mon arme face à des individus que je jugeais dangereux en occultant totalement que le seul fait de se sentir braqué par une arme peut être traumatisant. La situation faisait qu'une multitude de détails réels, supposés ou interprétés à cause de la nuit et du secteur difficile dans lequel je travaillais biaisaient mon jugement et mon interprétation des choses et faisaient éclater mes certitudes et une éventuelle perfection à laquelle j'aspirais moi-même afin de garantir au public une qualité de service rendu. Ainsi mon comportement, mes propos et mes postures pouvaient à cet instant-là être analysés, décortiqués pour que je sois mis immédiatement au pilori.

Je l'affirme encore une fois, le flic doit être non seulement exemplaire mais surtout parfait afin que son comportement ne puisse pas engendrer des dérapages. Pour cela il faudrait bien évidemment que le flic évolue, tel Candide, dans le meilleur des mondes et que la seule apparition d'un uniforme, d'une plaque ou d'un brassard impose non seulement le respect mais surtout l'immobilisation physique du délinquant et du criminel. Mais voilà, même dans les films pour jeunes enfants, cela n'existe pas et le policier doit user de la force pour maîtriser un individu récalcitrant.

Une fois encore il va s'exposer aux regards haineux de ses détracteurs et au jugement de toute une administration oubliant que c'est elle qui lui a confié cette mission régalienne de maintien de l'ordre sans lui fournir ni les moyens, ni la formation ou même les hommes en nombre et qualités suffisants. Ainsi, tel le combattant valeureux rompu aux arts martiaux, il devra immobiliser un homme au gabarit imposant en lui apposant un doigt sur le front sans tenter de pratiquer sur lui une clef de bras ou une immobilisation ventrale. Par la suite on oubliera de voir les lieux, l'heure, le manque d'effectifs. Seuls seront regardés les gestes brutaux et désordonnés de celui qui veut que force reste à la loi sans pouvoir mettre en place des techniques efficaces que d'ailleurs il ne connaît pas. Durant la bagarre, il devra veiller à ne pas recevoir de coups par-derrière ou se faire dérober son arme par des complices, bien entendu le tout sera filmé et diffusé largement via les réseaux sociaux et les chaînes d'information en continu en sélectionnant les passages les plus à même d'alimenter la haine anti-flic et les raccourcis primaires.

Il sera jugé sur pièces par une horde de détracteurs, il perdra confiance en lui puis en son administration et enfin en sa hiérarchie. Lentement, il glissera vers le burn-out et un soir de printemps il placera le canon de son arme dans sa bouche…

ML

RUPTURE

Le métier de policier est bien particulier, il répond à ses propres règles et à ses propres codes que chaque flic connaît et accepte du moins au début de sa carrière. Ce que l'on constate dans les commissariats, c'est un épuisement prématuré des policiers et un manque d'envie de partir au combat, un ras-le-bol ayant envahi les bureaux, les vestiaires et les voitures de patrouille. Ce phénomène est malheureusement récurrent et rares sont les flics qui aujourd'hui vont travailler avec le sourire aux lèvres. Ce qui les obsède c'est de bien faire, de ne pas déraper alors que leurs actions vont être sans cesse espionnées et décortiquées pour être balancées sur des écrans de télévision au JT de 20 heures. Cette crainte se ressent dès que l'on approche des commissariats, elle est latente et noue le ventre de celui qui endosse un gilet pare-balles pour aller patrouiller dans les rues de nos villes. Indéniablement ce qui lui fait défaut, c'est la confiance de la société, ce sentiment d'être soutenu par ceux que le flic souhaite protéger, ainsi il est aux aguets et la pression pesant sur ses épaules contribue à accentuer le malaise et le ras-le-bol. Cette confiance, le policier l'a perdue ces dernières années où il était soumis au chiffre et donc à une activité uniquement répressive. Cette activité ne devait pas seulement viser le délinquant mais aussi le citoyen dit honnête, celui qui se lève le matin pour aller gagner sa croûte et n'ayant aucune pensée belliqueuse envers une société à laquelle il est parfaitement intégré. Ce citoyen-là a été ciblé par une activité répressive lui laissant établir le constat simple d'être une « vache à lait » lorsqu'il est au volant de sa voiture, ou plus simplement que le dealer était moins importuné que lui alors que sa propre demande de protection n'était pas assouvie. Le policier devenait un ennemi et entre eux s'installait logiquement une méfiance allant parfois jusqu'à la défiance.

Lorsque l'on est policier, il est évident que l'on cherche le soutien d'une frange entière de la population, celle ne commettant aucune infraction et désireuse que le voyou soit mis hors d'état de nuire. A priori donc ce dernier devrait être l'allié de la police mais la politique répressive des vingt dernières années à coupé le lien, ce qui fait que ces deux entités ne parviennent plus à se comprendre.

Le policier est l'épicentre d'une polémique alimentée par le voyou et entretenue par la société honnête ne retrouvant dans l'action de la police aucune réponse à ses attentes si ce n'est de venir l'importuner dès qu'il traverse en dehors des clous ou dépasse la vitesse autorisée de cinq ridicules kilomètres heure. Ce phénomène n'est pas nouveau et de tout temps celui qui est verbalisé pour un fait qu'il considérera toujours comme mineur mettra en avant l'incompétence d'une police incapable de résoudre les problèmes de délinquance au profit d'un procès-verbal facile et rentable. Ce que nous constatons aujourd'hui, c'est un accroissement considérable de ce raisonnement et une incompréhension réciproque entre la police et la population. C'est la politique conduite depuis plus de vingt années qui a engendré cela en laissant le policier esseulé face au reste de la société. Il en est tellement exclu qu'il doit même cacher sa profession au voisinage ou à l'école de ses enfants.

Ce constat est le résultat de stratégies et il convient donc d'appréhender cette problématique afin de tenter d'apporter des réponses concrètes pour améliorer la situation du policier et donc son état psychologique, car se trouver en une telle posture est plus qu'inconfortable, c'est insupportable pour celui qui a envie de servir la société. Bien évidemment le policier lui-même a sa part de responsabilité dans ce phénomène, et son attitude dans la rue viendra confirmer ou infirmer la méfiance que lui voue la société. Mais quelle est réellement sa marge de manœuvre, peut-il vraiment opter pour un comportement conforme à ce que le citoyen souhaite ? En l'état actuel des choses et s'il reste fidèle à ce qui lui est demandé il semble que le policier restera éloigné des désirs du peuple honnête mais s'il s'en éloigne il sera évidemment sanctionné, blâmé et sous-considéré par une hiérarchie avide de résultats chiffrés. Est-ce que cela est pris en considération par l'administration centrale, est-ce que les responsables parviennent à prendre la mesure de cela et souhaiteront-ils un jour inverser radicalement la tendance pour revenir à une vraie police républicaine ?

L'avenir est sombre. Le ras-le-bol est à son paroxysme et le bol va finir par déborder…

ML

ET PENDANT CE TEMPS-LÀ…

Je me réveille ce matin avec la tête lourde, la nuit a été difficile : un treizième collègue nous a quittés. Père d'un enfant d'à peine trois mois, il était affecté à la Brigade anti-criminalité de Villepinte dans le 93. Cette fois-ci, personne n'en parle, la nouvelle ne doit pas être assez croustillante. Tout le monde est occupé par la polémique faite autour d'une parole déplacée de notre ministre de tutelle envers une journaliste de BFM. Le premier flic de France est traité de misogyne et pointé du doigt pour une phrase que l'on décortique et analyse durant des heures, à grands coups de phrases simplistes et de discours tout prêts on nous le rabâche histoire de nous convaincre, après un ballet incessant d'intervenants et de représentants d'associations féministes. C'est une corrida où nous décidons de mettre à mort le taureau dans l'arène, mais le seul mort aujourd'hui, c'est ce collègue de Villepinte. Non, du treizième des nôtres qui tombe, rien, pas un mot, je n'ai même pas aperçu une phrase sur le bandeau qui défile en bas de l'écran de télévision. Rien. La polémique autour du ministre est bien plus vendeuse qu'un policier qui laisse derrière lui un enfant en bas âge et une femme effondrée et dont la mort brutale permettrait de mettre en avant le malaise policier. Après tout, on a assez parlé du malaise policier, la population semble s'être lassée de ce sujet... Ce silence... On ne veut plus entendre nos plaintes, on croirait presque qu'il ne s'agit même plus d'une information mais d'une habitude, d'une norme, on ne semble même plus s'étonner d'ailleurs, on ne relève même plus la nouvelle, on passe à autre chose.

J'imagine ce que devait être le quotidien de ce collègue de BAC dans ce département que je connais si bien, le 93. Je me souviens de mes années passées là-bas mais cela a dû changer, et sûrement pas dans le bon sens. Il m'arrive d'avoir de temps en temps des nouvelles de ceux qui sont restés là-haut, ils sont très peu nombreux, car il est bien difficile de tenir une carrière entière dans cette zone, dans cette jungle, cela relève même de l'impossible voire de la folie.

J'imagine encore ce jeune père de famille, rentré épuisé après sa vacation. Je l'imagine plein de désillusions et de rejet de ce qu'il pensait trouver en embrassant l'uniforme. Pourtant, il faisait partie d'une unité d'élite, d'une belle unité, celle de la BAC de Villepinte, c'était certainement l'un de ceux qui croyaient en notre métier et c'est aussi sans doute pour cela qu'il s'est donné la mort.

En me réveillant ce matin je pense à lui, cela fait maintenant treize, et si on rapporte ce chiffre aux jours écoulés depuis le début de l'année, cela fait un collègue tous les trois jours... tous les trois jours...

Pendant ce temps-là, notre ministre de tutelle a un autre problème à gérer, celui de tenter de se sortir de ce mauvais pas, tenter de faire oublier cette phrase prononcée car on venait de l'attaquer sur les mauvais chiffres qu'il osait présenter... oui, on venait de lui dire que les violences avaient augmenté, et que même si le chiffre des cambriolages avait baissé ce n'était que grâce au confinement, il ne faut pas la faire aux journalistes ! Ils ont le regard aiguisé et une calculatrice à la main... j'aimerais simplement dire à tous ceux qui s'insurgent sur des courbes, sur des statistiques que les seuls chiffres qui devraient être évoqués aujourd'hui, sont : 13, soit 1 tous les 3 jours... Voilà LA priorité et pas simplement celle d'un ministre, non, cela devrait être celle de tous, de toute une population car si les policiers vont mal, si la police va mal, cela devrait être l'affaire de tous.

Le policier c'est le gardien de l'ordre dans notre société, sa mission est noble et sa vocation est de protéger ses concitoyens, de leur venir en aide. Mais aujourd'hui ce policier va mal, il est à bout et visiblement cela en devient d'une banalité affligeante.

LG

LE GRADE ET LA COMPÉTENCE

Est-ce propre à la police ou est ce dans toutes les structures hiérarchisées que l'on retrouve cela ? Trouvons-nous des incompétents au sommet des hiérarchies d'une banque ou d'une compagnie d'assurance ?

Je ne le pense pas.

Le principe de Peter dispose que tout individu atteint son niveau maximum de compétence, « dans une hiérarchie, tout employé à tendance à s'élever à son niveau d'incompétence. Et, avec le temps, tout poste sera occupé par un employé incapable d'en assumer les responsabilités » (1). Malheureusement ce principe est bien présent au sein de la police nationale puisque nous trouvons trop souvent, au sommet de la hiérarchie, une bande d'incompétents notoires dont la parole semble ne pouvoir être mise en cause. Ces cas d'incompétence se retrouvent souvent dans le corps des officiers de police car pour eux la carrière est plane et se déroule tranquillement à moins d'être l'auteur d'un crime ou d'un délit pénal, et encore !

Cette hiérarchie est intermédiaire, elle se situe entre les commissaires et les gardiens de la paix. Elle a la charge de faire appliquer les directives de leurs supérieurs. Mais c'est bien à leur niveau que l'on constate les dysfonctionnements qui engendrent les états dépressifs éventuels des policiers de terrain. Mais là encore rien ne se passe, aucun système de vigilance n'est mis en place.

Dans la police nationale le grade fait la compétence et pas l'expérience. Dès lors on se retrouve avec des officiers n'ayant jamais mis le pied sur le terrain à la tête d'une troupe dont ils ignorent tout et dont ils rejettent en bloc la moindre allusion à une modification d'un dispositif d'interpellation.

Une fois encore le policier de terrain se trouve en position de simple exécutant dont on méprise l'avis et surtout la connaissance des lieux mais aussi la compétence pour mener à bien cette mission. Cette position, pour celui qui bat le pavé chaque jour, est humiliante et vient impacter encore un peu plus le moral, déjà bien fatigué.

Le temps des commissaires Moulin ou Borowitz est révolu depuis bien longtemps au profit de comptables et de gestionnaires issus de grandes écoles avant d'intégrer celle de Saint-Cyr-au-Mont-d'Or. Ils vont recevoir une formation très théorique et essentiellement sur le management d'une troupe pas très futée puisqu'elle-même est recrutée à un niveau si bas que cette « élite » policière ne peut l'imaginer. Pour résumer, on les conditionne à gérer du personnel décérébré qu'il faudra surveiller comme le lait sur le feu, car le petit personnel reste fragile, souvent ingérable et indiscipliné. Voilà l'image du gardien de la paix que l'on donne aux jeunes commissaires de police dès sa formation initiale. Mais le grade donne de facto la compétence…

C'est donc dans cet univers que le gardien de la paix va tenter d'évoluer. Il va éviter les sanctions et les réprimandes qui peuvent saper son moral avant de l'anéantir complètement pour laisser la place à un syndrome dépressif engendrant des envies suicidaires. Ce paramètre-là n'est jamais évoqué lorsque l'on parle des suicides des policiers, pas une fois n'est remis en cause ce regard que pose la hiérarchie sur le personnel de terrain qui sera sans cesse observé, jugé afin que les dommages collatéraux ne puissent pas atteindre ceux qui occupent les places au soleil.

À cela s'ajoutent les couches détaillées dans les chapitres précédents pour venir confectionner un gâteau affreux dont l'odeur et le goût repoussent toute tentative de gourmandise effrénée.

Certes, tous les commissaires et tous les officiers de la police nationale ne se comportent pas ainsi, mais on ne peut traiter le cas individuel lorsque l'on analyse les corps policiers et leur fonctionnement par rapport aux suicides récurrents des flics de terrain. Indéniablement il va falloir s'interroger, au plus haut sommet de l'état, afin de comprendre que les modes de management qui ont été mis en place sont totalement inadaptés et génèrent énormément de stress. Il faut revenir à quelque chose de plus humain.

Mais j'ai l'impression de perdre mon temps car incontestablement le grade fait la compétence et moi qui n'ai pas été aussi gradé qu'eux, je n'ai jamais atteint leur degré de compétence…

Je reste un flicard de terrain que l'on n'écoute jamais !

ML

J'ACCUSE

Lorsque l'on compare les chiffres des suicides de policiers Français par rapport à ceux de la Grande-Bretagne, on ne peut que constater un gouffre monstrueux. En Angleterre, ce sont cinq policiers qui mettent fin à leurs jours chaque année alors que nous détenons le record des pays d'Europe avec notre cinquantaine de flics tombés sous leurs propres balles *(source Martin Bohn, Nexus 95).*

Parmi mes questions, s'il y en a une qui nous taraude c'est bien celle concernant l'inaction de l'administration centrale face à ce phénomène. Et je dois avouer qu'il reste encore difficile pour moi de comprendre cette passivité, cette absence de réelles décisions et même ce refus catégorique d'admettre que la quasi-totalité des suicides de policiers est le résultat des manquements de la direction centrale, des différentes politiques conduites et de l'ingratitude d'une hiérarchie cupide associé à un management minable et inhumain.

Bien évidement, il serait formidable qu'une grosse machine comme le ministère de l'Intérieur soit enfin capable de s'interroger sur son propre comportement et de se demander comment il peut stopper ce fléau. Mais il doit faire son propre mea culpa en posant sur la table l'ensemble de ses propres défaillances. Utopie nous direz-vous, chimère rajouterions-nous si le ton était à l'ironie mais malheureusement nul n'a envie de rire de l'impotence flagrante d'une si grosse administration.

D'où peut venir cette lâcheté institutionnalisée et érigée comme le seul moyen de défense de ce gros bateau à la dérive que semble être, au moins dans ce domaine-là, la place Beauvau ? Il ne s'agit pas d'une défense mais bien d'une orientation délibérément prise par tous les ministres pour communiquer dans un premier temps sur les suicides mais surtout d'une posture d'attaque envers tous ceux qui sont désireux de faire vaciller les stratégies établies pour manager l'institution policière.

Le phénomène des suicides au sein de la police n'est pas nouveau et l'année 1996 est une année record : plus de soixante-dix policiers avaient mis fin à leurs jours. Il y a donc plus de vingt-cinq années que cette macabre liste s'allonge sans qu'une réaction efficace ne soit envisagée. Et pourtant, si l'on focalise sur cette année 96, il est aisé de constater qu'en 1995 la police met en place une première réforme conséquente dite des corps et des carrières faisant des inspecteurs des lieutenants, capitaines et commandants de police et les autorisant à porter des uniformes et des galons tels des militaires. Cela peut sembler anecdotique mais il faut considérer la portée de cette mesure sur une grande partie de ces policiers qui auparavant n'étaient que des procéduriers sans personnels à commander. Du jour au lendemain, tous sont devenus des managers, enfin ont cru devenir des managers et j'ai souvenir de ceux accourant au service du matériel pour y retirer leur bel uniforme et s'empressant de modifier l'intitulé de leur fonction sur le logiciel de rédaction des procédures. Capitaine sonnait mieux qu'inspecteur et commandant permettait d'élever au rang de dirigeant ceux qui jusqu'alors n'avaient commandé que leur machine à écrire. Insidieusement, la nouvelle méthode de direction des personnels se mettait en place avec ses visions réductrices du petit personnel, qui lui était resté gardien de la paix. Une nouvelle hiérarchie était établie et bien évidemment avec elle des méthodes de management qui allaient être confortées avec l'arrivée de Nicolas Sarkozy. Depuis, le taux de suicides dans la police reste constant…

Une fois de plus il est intéressant de raisonner sur cette incapacité de la direction à réagir et je ne doute pourtant pas de la compétence de tous ces gens gravitant autour du ministre sous les ors de la République. Alors pourquoi, pourquoi aucun ministre, aucun directeur central de la police n'a pu trouver LA solution, comment se fait-il que dans cette formidable République qu'est la France on ne parvienne pas à stopper ce phénomène en préférant rester le spectateur impassible d'une véritable hécatombe ?

Il n'y a qu'une réponse à cette satanée question. Il n'y a qu'une seule théorie et c'est indéniablement de la lâcheté d'admettre que cette grosse machine qu'est le ministère de l'Intérieur est totalement incapable de se remettre en cause. Est-il si difficile d'admettre que le chemin parcouru depuis tant d'années aussi bien en matière de management que de stratégies politiques a échoué et a conduit la police là où elle est aujourd'hui, à savoir au ban de la société, faisant de ses serviteurs des victimes de leur propre arme en omettant de dire que c'est bien l'administration centrale qui la maintient contre la tempe des suicidés ?

Le député François JOLIVET a d'ailleurs alerté le Ministre de l'Intérieur en déposant plusieurs questions écrites qui sont parues au Journal Officiel, notamment la question numéro 26 172 publié le 07 juillet 2020 :

« En réponse à sa question écrite n° 26172, il a été précisé que la lutte contre le suicide dans la police nationale était une priorité du ministre de l'intérieur. Dans cette réponse, des dispositifs notamment externalisés de lutte contre le suicide sont présentés. Dans ce contexte, il lui demande de lui préciser, au regard des initiatives engagées, si une étude a été diligentée par le ministère de l'intérieur pour comprendre cette augmentation constante des suicides au sein de la police depuis 2018. Il souhaite connaître la stratégie du ministère de l'intérieur pour enrayer cette tendance, à court, moyen et long termes. Enfin, il demande si des contrôles « qualité » sont réalisés auprès de l'entreprise Pros-Consulte pour évaluer la pertinence de cette externalisation de compétence. »

Le ministre de l'Intérieur mettra sept mois, oui sept mois, pour apporter la réponse à la question du député Jolivet, sept mois d'attente comme pour démontrer que le sujet ne semble pas prioritaire contrairement à ce que l'on veut nous faire croire.

Les extraits qui suivent ont donc été tirés de la réponse du Ministre de l'intérieur publiée au journal officiel du 9 février 2021 :

Les suicides, actes dramatiques et complexes, sont une préoccupation majeure pour le ministère de l'intérieur, qui conduit de longue date une politique de prévention. Dès 1996, la direction générale de la police nationale (direction des ressources et des compétences de la police nationale) s'est dotée d'un service de soutien psychologique opérationnel (SSPO) qui compte, sous l'autorité d'une psychologue, 93 psychologues cliniciens répartis sur l'ensemble du territoire. Pour améliorer la détection des personnes en difficulté ainsi que la réactivité et la prise en charge au niveau local, a été adopté en mai 2018, à l'issue d'une concertation entre l'administration et les représentants du personnel, un « programme de mobilisation contre le suicide », structuré autour de 3 axes : « Mieux répondre à l'urgence », « Prévenir plus efficacement les situations de fragilité », « Améliorer le quotidien du travail ». Sa mise en œuvre est largement engagée. Cette action passe aussi par un travail sur le sens du collectif et le bien-être professionnel. En avril 2019, a été créée une « cellule alerte prévention suicide » qui veille à la déclinaison, dans les territoires, du programme de mobilisation contre le suicide et développe des partenariats avec les acteurs externes de la prévention et de la prise en charge. Par ailleurs, le SSPO de la police nationale, qui disposait déjà d'une astreinte téléphonique nationale pour les situations opérationnelles, a vu son système évoluer. Un numéro vert (0 805 20 17 17) est actif depuis juillet 2019. Il permet, en journée, d'être orienté vers un psychologue de secteur et de joindre le psychologue d'astreinte en dehors des horaires de bureau. Depuis septembre 2019, un second numéro (0 805 230 405) donne accès à un dispositif d'écoute psychologique 24 heures sur 24 et 7 jours sur 7 au bénéfice des personnels et de leurs familles. Afin d'assurer le déploiement opérationnel du programme de mobilisation contre le suicide, des séminaires sur la prévention du suicide, réunissant plus de 1 300 cadres de la police nationale, ont été organisés au niveau de chaque zone de défense et de sécurité du printemps à l'automne 2019. Le déploiement territorial des mesures du plan se poursuit, avec le relais des comités d'hygiène, de sécurité et des conditions de travail, sous le pilotage de la cellule alerte prévention suicide. Dans le courant du second semestre 2020, l'expérimentation du réseau « sentinelles », dispositif de repérage par les pairs, débute avec des agents formés à la détection des personnes en situation de fragilité. De plus, plusieurs associations de soutien aux policiers ont été créées en 2019. Un projet de partenariat est en cours d'élaboration afin de définir les outils qui peuvent être mis à disposition de ces associations et le cadre de leur collaboration à la prévention du suicide. Cette collaboration fera l'objet de réunions régulières. S'agissant de la ligne d'écoute externalisée précitée (0 805 230 405) de la société PROS-CONSULTE *– spécialisée dans la gestion des risques psychosociaux –, de premiers éléments de bilan peuvent être présentés. Au terme des neuf premiers mois de fonctionnement, 594 appels ont été pris en compte sur la plate-forme (pour 315 appelants). Concernant les motifs d'appels, ceux liés à une problématique professionnelle, quelle qu'elle soit, sont majoritaires (70 %) ce qui est habituel pour ce type de dispositif. Cinq situations aiguës au regard du risque suicidaire ont fait l'objet d'un appui médicalisé et une situation a nécessité l'envoi de secours. Onze autres situations particulières ont été signalées à l'administration, avec levée d'anonymat. Ce bilan semble cohérent avec le besoin identifié : la plate-forme* PROS-CONSULTE *a en effet été conçue comme une solution alternative et complémentaire (écoute en horaires atypiques, etc.). La collaboration avec ce prestataire extérieur s'est établie dans de bonnes conditions grâce aux nombreux échanges (notamment avec le service de soutien psychologique opérationnel) et à des temps d'acculturation des psychologues de la plate-forme. L'indispensable amélioration des conditions de travail constitue un autre axe majeur de cette action. Il convient à cet égard de rappeler la politique menée par le Gouvernement pour améliorer les conditions de travail des policiers (recrutements, politique immobilière, renouvellement du parc automobile, etc.), et notamment les annonces fortes faites par le ministre de l'intérieur le 13 octobre 2020 pour améliorer le quotidien des policiers. De même, la police nationale expérimente depuis le début de l'année 2020 de nouveaux cycles de travail susceptibles d'améliorer le bien-être des agents en offrant* *notamment aux effectifs de voie publique un mercredi et un week-end sur deux.* »

Il aura donc fallu plus de vingt ans pour voir les premières mesures mises en place, plus de vingt ans pour que l'administration de tutelle prenne en considération ce fléau. Mais plus de vingt ans pour lire qu'elle se félicite que des associations aient été créées par des policiers eux-mêmes, pour lire que cette administration s'appuie sur ceux qu'elle est censée protéger et en plus s'en gargarise !

Alors oui, nous accusons ouvertement le ministère de l'Intérieur de refuser de prendre de réelles mesures, nous accusons encore une certaine société abreuvée de haine et d'ignorance de cracher allègrement sur la police et les policiers !

Ce ne sont pas des causes personnelles qui poussent tant de flics à se tuer.

Pourquoi ne pas créer une structure indépendante capable d'enquêter objectivement sur ce qui conduit vers le suicide ? De multiples associations se sont constituées sans qu'elles non plus ne parviennent à faire prendre conscience au ministère de l'intérieur de sa responsabilité dans les suicides. Conformément à l'attitude légendaire et bien française de nos dirigeants comme de nos administrations, personne n'est capable de se remettre en cause et de revenir en arrière au risque de froisser telle ou telle entité, tel ou tel corps ou d'entacher la réputation d'un ministre, fut-il retiré de la vie politique. C'est donc ainsi que fonctionne notre pays. Alors que la Justice peine mais parvient à reconnaître ses erreurs et ses condamnations abusives, rares certes mais bien réelles, le ministère de l'Intérieur reste impotent face à ce fléau des suicides afin de s'auto-protéger. C'est bien l'impunité des dirigeants qui marque l'esprit de nos concitoyens et même si les tribunaux tendent aujourd'hui à rendre la justice en ce qui concerne les malversations et autres frasques délictuelles de certains édiles, il ne se passe rien dans le domaine. Il est encore facile de mesurer de nos jours encore les effets de la politique conduite par Nicolas Sarkozy en matière de service public, politique qui a lourdement impacté l'ensemble des administrations comme l'hôpital, l'Éducation Nationale et bien sûr la police. L'inaction des hautes administrations comme le conseil d'État resté passif face à la démolition du service public est incroyable. Jamais, autrement que par la sanction que lui ont infligée les électeurs, Nicolas Sarkozy n'a été inquiété pour cette politique dévastatrice des services public et personne ne lui a demandé de rendre des comptes puisque rien n'existe, hormis en temps de guerre, dans le domaine de la responsabilité des politiques conduites, fussent-elles dévastatrices.

Ainsi nul ne sera inquiété pour avoir mis en place des stratégies de management infectes au sein de l'institution policière, d'avoir établi un système de primes au résultat divisant les effectifs ou d'avoir placé le simple policier de terrain en véritable bouc émissaire pour une population excédée par un pouvoir d'achat en berne.

Nous, nous l'affirmons et nous le mettons ici en accusation, nous l'accablons faute de pouvoir le traîner devant des tribunaux et espérons qu'à la lecture de ces pages il finira par admettre qu'il est l'unique responsable des suicides de policiers.

Nous rêvons de voir le ministère de l'Intérieur devoir se justifier devant un tribunal pour absence de réactions et pour non-assistance de ses flics en danger !

Mais nous rêvons...

IRRESPECT

Le 20 avril 2021 sur la chaîne Cnews le criminologue Alain Bauer déclarait : « *Les policiers sont extrêmement maltraités, si l'état était un employeur du privé il serait en prison pour non respect de la réglementation du travail...* »

Cette déclaration confirme que, outre le non-respect des conditions de travail que tout employeur doit à ses employés, ce sont bien des manquements quotidiens qui pèsent sur le moral des policiers.

Si on se limite aux conditions d'exercice de la mission de terrain, il est bien évident que cela dépend directement de la politique choisie par le gouvernement. Mais il faut entrer une fois au moins dans sa vie dans un commissariat pour mesurer que le malaise n'est pas le résultat de problèmes personnels ou exclusivement liés aux difficultés du métier. Pour comprendre, il faut avoir la « chance » de progresser dans les locaux et notamment ceux réservés exclusivement aux fonctionnaires de police. Les locaux sont souvent insalubres et la sur-utilisation n'explique pas tout puisqu'une fois de plus il semble que ce soit la seule administration laissant ses fonctionnaires œuvrer dans de tels lieux vétustes. Pourquoi le ministère de l'Intérieur a-t-il décidé de négliger cet aspect ? Le délabrement est partout, il est institutionnalisé et les policiers doivent vivre avec, s'en faire même un partenaire, un allié afin d'évoluer au sein de l'institution. Tout menace ruine depuis les locaux jusqu'aux stratégies d'exécution des missions évoluant au gré des différents ministres et échéances électorales. C'est le règne de l'à-peu-près, approximatif comme si cette mission, pourtant régalienne, était devenue trop lourde à assumer, comme si les 150 000 flics devenaient une charge, un tracas alourdissant considérablement le quinquennat et le passage à la place Beauvau.

Les déclarations d'Alain Bauer sont importantes. Pourtant même si elles sont énoncées sur une chaîne de télévision à une heure de grande écoute rien ne va inverser la tendance. Elles ne feront pas changer quoi que ce soit. Les flics restent les pantins d'une administration elle-même délaissée.

Ce qu'il faut mesurer encore, c'est le manque de respect dont fait preuve l'État face à ces femmes et hommes souhaitant le servir, ces personnes qui se sont mises au service de la société.

Pourquoi donc, malgré ces manquements innombrables et variés, jamais l'état n'a été traduit devant un tribunal ? Pourtant dans d'autres administrations des procès sont intentés, des procédures sont engagées contre des chefs de service au management inadapté, et certains sont même reconnus coupables. La police, quant à elle, semble intouchable et les décisions de justice ne la concernent pas même lorsque des procédures sont demandées suite à des dépôts de plaintes.

Alors pourquoi rien ne peut faire vaciller cette institution, pourquoi rien ne peut l'atteindre dans ce qu'elle a de plus intime à savoir son fonctionnement intrinsèque et son management comme l'irrespect dont elle fait preuve au quotidien envers ses propres fonctionnaires ?

Indéniablement, l'ampleur de la tâche est énorme, et reprendre en main cette grande maison représente un chantier incommensurable sur lequel personne, pas un seul ministre de l'Intérieur n'a voulu se pencher. De toute évidence les maux sont connus de la place Beauvau et les nier est une attitude lâche. Cela démontre surtout l'incapacité des responsables politiques à résoudre ces problèmes non par manque de solutions mais bien parce que maintenir la police en l'état reste un choix. Il manque une véritable posture face à des impératifs politiques et budgétaires, et des prospectives de mutations profondes du paysage policier pour appréhender demain.

Le moral des policiers est bien bas et le nombre important de ceux qui désirent la quitter ne cesse de croître. Devant cet autre phénomène l'administration policière reste passive et contemple cette hémorragie sans vraiment réagir.

L'irrespect est quotidien...

ML

ET MAINTENANT

Les jours défilent sans que quoi que ce soit ne vienne changer la vie dans les commissariats. Autour de nous la rumeur de l'écriture de ce livre s'est propagée comme une traînée de poudre en laissant un goût amer chez certains de nos interlocuteurs, encore une initiative privée au détriment d'une prise de conscience de l'administration. En début de semaine dernière, le 16 février 2022, nous apprenions que ce sont trois surveillants de l'administration pénitentiaire qui se sont donné la mort en mois de quarante-huit heures. J'ignore les détails de ces suicides, mais ils confirment que le seul fait de posséder une arme de service ne donne pas l'envie de se suicider même si elle facilite le passage à l'acte... Malheureusement d'autres professions liées à la sécurité publique souffrent aussi, d'autres femmes et hommes meurent de travailler pour l'état. Et pendant ce temps rien ne se passe et la vie continue au sein des commissariats comme si de rien n'était. De nombreux témoignages de collègues viennent à nous pour dénoncer leurs propres conditions de travail et le manque de considération par une hiérarchie inhumaine.

Hier, c'est un collègue de l'est de la France qui me témoigne de son dégoût pour ce métier qu'il a tant aimé et, en me détaillant son quotidien, je sens que les larmes ne sont pas bien loin. Il a quarante-six ans et est épuisé de travailler dans des conditions affreuses, mais des conditions qui n'émeuvent personne excepté lui. Autour de lui il sent que tout se dérobe, qu'il ne peut plus poursuivre, alors pour éviter le pire il a rendu son arme et s'est placé en position de congé maladie. Il est rincé, épuisé par ce métier qu'il pratique depuis plus de vingt années et qu'il ne reconnaît plus. Pourtant son quotidien personnel est une vraie carte postale sur laquelle on aperçoit une femme, un enfant et des loisirs, même du sport pratiqué intensément en famille. Malgré tout il ne parvient plus à lutter contre ce satané métier qui le ronge et lui démontre chaque jour qu'il est un bon à rien aux yeux de sa hiérarchie. L'ambiance délétère, il l'a dénoncée, les pratiques douteuses de ses collègues, il les a relevées et sa mise à l'écart a bien été actée par son capitaine mais rien n'a changé puisque le service est le plus rentable en termes de chiffres. Il s'est épuisé à vouloir changer les choses. Dans un premier temps il y a cru puis ce fut le choc du pot de terre contre celui en pot de fer. Et il a cédé...

Des témoignages comme celui-ci, nous en recueillons chaque jour et nous devons écouter les plaintes de ces policiers usés, en restant au-dessus afin de ne pas sombrer nous aussi. Le constat est plus qu'alarmant, il est désastreux mais la période pré-électorale a rangé cette cause nationale dans le fond d'un tiroir pour ne pas voir ces corps de flics abattus par leur propre balle en les dissimulant derrière de dérisoires mesurettes dont l'unique objet est de protéger l'administration plutôt que les fonctionnaires.

Les notes de service pleuvent mais elles sont vides d'actions concrètes et de réelles prises de conscience. On y fait état de prévention, de détection, d'alerte et de réaction sans en donner concrètement les actions à mettre en place. Je lis et relis ces notes sans en comprendre le sens puisque pas une fois elles ne font état des vrais problèmes des policiers de terrain. D'ailleurs elles ne font état de rien ! Ce qui est récurrent c'est le retrait de l'arme en cas de détection d'un fonctionnaire malade… Affligeant !

Ce qui ressort de ces notes de service est indéniablement le déni par les autorités des raisons réelles poussant les policiers à mettre fin à leurs jours. On peut y trouver de prétendus moyens de lutte contre le mal-être qui, sans aucune vergogne, n'évoquent jamais, même du bout des lèvres, les causes des suicides. Pourtant personne ne peut les ignorer !

De nombreux numéros de téléphone pour joindre des psychologues peuvent être mis en service, des débriefings peuvent être organisés après chaque intervention à forts potentiels traumatiques et même l'arme pourra être retirée des mains fragiles du policier suicidaire, mais rien ne changera tant que la police ne saura se remettre en cause et que sa hiérarchie ne se penchera pas sur ses méthodes de management.

ML

PROPOSITIONS

Après avoir mis en évidence les causes, du moins celles que nous pensons être à l'origine des suicides de policiers, il nous fallait réfléchir afin de faire modestement et souvent courageusement des propositions. Nos expériences dans la police et nos différentes rencontres et entretiens avec des policiers engagés pour lutter contre les suicides nous ont permis de comprendre énormément de choses et notamment d'appréhender un autre phénomène : celui de l'envie persistante de quitter l'uniforme surtout parmi les quadragénaires après une vingtaine d'années de service. Ce phénomène est plutôt nouveau et se pencher sur lui nous est apparu intéressant, ainsi nous avons multiplié les rencontres de collègues entre deux âges pour recueillir leurs témoignages et leurs envies. N'était-ce pas, quand nous interrogions leur état d'esprit, parce qu'ils avaient connaissance de notre travail pour dénoncer les suicides et y trouver des solutions que leurs réponses collaient à nos attentes ou ne nous surprenaient pas ? Bien évidemment, cette question était permanente et, à l'issue de chaque entretien, nous cherchions des raisons qui auraient pu inciter celui-ci ou celle-là à nous répondre dans le sens espéré. Malheureusement, nos débriefings ne nous permettaient pas de mettre en avant des failles ou des enjolivements de la vérité, tous étaient désabusés et la grande majorité d'entre eux ne rêvaient que de départ vers d'autres horizons professionnels. Indéniablement, les vingt années de police les avaient rincés, les avaient éreintés et leurs raisonnements, quant à une porte de sortie, étaient identiques à chaque fois. Mais il faut mettre un bémol à nos propos et ne pas conclure hâtivement que tous les quadragénaires appartenant à cette corporation souhaitent démissionner, une partie d'entre eux, peu importante cependant, espère que les choses vont changer, qu'elles évolueront dans le bon sens bien entendu. Mais à chaque fois nous avons eu beaucoup de mal à trouver des étincelles dans les yeux de ces gens-là, et c'est bien leur désespoir qui nous a le plus marqué.

L'écriture avançait et nous ne pouvions nous résoudre à nous limiter à faire un tel constat.

De son côté, Laure restait vigilante et s'attardait à cerner chez ses propres collègues ce qui aurait pu mettre sur eux une pression trop importante. Elle écoutait, elle lisait avec beaucoup d'attention toutes les initiatives associatives ou ministérielles concernant le suicide au sein de l'institution. Chaque fois, elle ne trouvait que des mesurettes et à chaque fois elle ne découvrait rien de nouveau pour éviter les suicides. La pression, elle l'avait subie tout au long de sa carrière depuis que les modes de management avaient évolué. Mais elle parvenait à gérer et à rester forte. Dans ce travail qu'elle devait faire pour rester droite, l'écriture de ce livre l'a aidée et lui a permis de se pencher encore un peu plus vers les collègues en difficulté. De tout cela ont germé des orientations et un constat sans appel d'une police bien malade. Elle est aujourd'hui à même de faire des propositions.

De mon côté, je restais un observateur privilégié de cette police que j'avais vue changer, que j'avais vue devenir ce monstre capable de dévorer ses propres fonctionnaires. Mon propos, parfois plus brutal que celui de ma co-auteure, est malgré tout resté souvent modéré afin de me permettre d'encore mieux raisonner et mesurer pleinement ce mal-être dévorant mes anciens collègues. Auprès de Laure j'ai beaucoup appris car son expérience au sein d'une grosse association chargée du social dans la police comme son passé syndical m'ont permis d'appréhender pleinement certaines problématiques complexes que je n'aurais sans doute pas mesurées sans son regard et ses conseils. Ensemble nous avons construit une approche de la police et de ses problématiques pour une fois non liée aux phénomènes de délinquance et de criminalité. Notre analyse a été sociétale et sociale pour le bien-être de ces fonctionnaires auxquels nous sommes attachés.

Il y a plus de dix ans maintenant, j'avais écrit sur le suicide mais je l'avais fait différemment, plus en empathie et en un constat pragmatique de situations sordides que j'étais à cette époque amené à gérer en tant que policier. Cette fois nous l'avons fait avec un autre regard, sous un autre angle en nous attardant sur les carences d'une administration centrale, sur les manquements d'une hiérarchie inhumaine et sur ce qui se passe dans la tête des flics confrontés à cela.

Fort de cette aventure, j'ai moi aussi mis en avant ce qui pourrait être fait pour prévenir les suicides et améliorer le quotidien des policiers.

Nos propositions sont simples et nous nous sommes demandés pourquoi elles n'avaient jamais été mises en place. Nous n'ignorons pas les impératifs budgétaires et les contraintes des responsables politiques, mais l'heure n'est plus aux grandes conversations et aux échanges stériles n'ayant jusqu'à aujourd'hui brillé seulement que par leur inefficacité. L'une de nos propositions peut surprendre à une époque où le débat sur le départ à la retraite est récurrent et crée des distanciations sociales dans notre pays et entre les professions, mais le métier de flic est bien particulier et il doit impérativement bénéficier de profonds changements afin d'améliorer ses conditions d'exercice. Et surtout inverser cette satanée tendance à se suicider !

Depuis plus de trente années, ce sont des dizaines de propositions qui ont été faites tant par les organisations syndicales que par l'administration policière. Mais aucune n'a permis d'améliorer l'état psychologique des policiers en difficulté et, évidemment, rien n'a pu empêcher plus de quarante policiers de mettre fin à leurs jours chaque année. Il nous apparaît aujourd'hui important de comprendre pourquoi toutes ces mesures ont été à ce point inefficaces, et à partir de cette analyse proposer les nôtres, qui remettent l'humain au cœur de tous les enjeux.

ML

DEUXIÈME PARTIE

PROPOSITIONS

LE COURAGE

Faire preuve de courage.

L'administration centrale doit démontrer par des actes forts qu'elle a enfin compris ses erreurs de management et qu'elle désire à présent changer son fusil d'épaule ou plutôt son pistolet de main pour le placer dans une pogne bien plus solide et moins tremblante. Preuve d'intelligence, l'introspection est une chose difficile qui reste rare pour un être humain. Est-elle impossible pour une administration ? Car si l'une de nos propositions est de s'asseoir autour d'une table dans un seul et unique but qui doit impérativement faire abstraction de toute récupération, il appert que cette réunion potentielle demeure une fois encore impossible à réaliser car faire réagir cette chose énorme et molle qu'est l'administration revient à vider les océans à la cuillère à café.

Dans ce domaine-là les rencontres se sont multipliées sans qu'il puisse en sortir des mesures autres que la mise en place de lignes téléphoniques dédiées aux fonctionnaires en proie à un profond mal-être. Ces réunions ne servent qu'à laisser un fort sentiment de puissance et de réussite à telle ou telle organisation professionnelle obnubilée par son image auprès de ses adhérents et bien plus encore à ceux qu'elle tente de séduire. C'est indéniablement et en permanence que le bras des pouvoirs publics reste le seul armé et détenant l'unique puissance qui consiste à faire de pseudos propositions en laissant croire aux diverses associations et syndicats que leurs avis ne sont pas que consultatifs mais prépondérants. Mais que d'énergie il faudrait pour faire avancer une machine dont les rouages sont grippés et que nulle substance chimique ne pourrait libérer de ses tonnes de rouille !

Quels sont les motifs des carences et du refus de cette administration de reconnaître qu'elle se trompe depuis longtemps ? Pourquoi la mise en évidence de ce qui pourtant crève les yeux relève de la mission impossible ? Depuis une dizaine d'années nous avons réfléchi à cette incapacité des autorités policières à endiguer le flot des suicides. Des pistes, nous en avons mis en évidence, mais ce qui reste le plus difficile à effectuer est de les placarder devant le siège du ministère de l'Intérieur afin de faire comprendre.

Comment faire comprendre à toute une institution, depuis sa base jusqu'au sommet, que c'est bien le mode de management qui est la cause principale du passage à l'acte. Comment mettre les plus hautes instances de la police devant ce qu'ils n'ignorent pas mais qu'ils feignent de sous-estimer pour ne pas assumer et surtout ne pas faire vaciller l'institution entière ? Enfin, comment revenir à une police plus humaine, mieux dirigée et mieux orientée notamment vers un service public de qualité en adéquation avec une réalité de terrain ? Ces questions nous obsèdent. Il faut encore raisonner de manière pragmatique pour faire entendre nos paroles sans devenir des étendards de qui que ce soit et en évitant les récupérations de tous ordres. La tâche s'avérait donc ardue mais pas insurmontable...

De toute évidence c'était par une analyse objective et posée que nous pouvions faire passer notre message et le porter éventuellement au plus sommet de la hiérarchie policière. Une fois de plus la question s'avérait complexe, non pas dans la façon de la formuler mais dans la manière d'obtenir sinon une réponse du moins une once de commencement d'un début d'ouverture qui nous laissent supposer que nos interlocuteurs auraient entendu notre message à défaut de le comprendre. Mais les combats des idées n'effrayant ni Laure ni moi, nous persistions dans nos écrits. Nous rêvions que l'administration retrouve la vue et admette sa lâcheté. Pour ce faire, nous proposons une table ronde autour de laquelle se placeraient différents intervenants pour que les responsables puissent entendre le cri strident et lancinant d'une base livrée à un management délétère. Autour de cette table doivent se faire entendre des intervenants venus des commissariats de toute la France comme des policiers ayant vécu un mal-être, sachant en identifier les causes et avoir le courage de les nommer. Autant que faire se peut il faudra éviter la présence trop importante des organisations syndicales parfois peu enclines à mettre la hiérarchie en cause. Ce sont les effectifs de base venus de différents services que l'on doit, pour une fois, écouter et sur lesquels il va falloir s'attarder.

Et c'est bien là que le bât blesse puisque l'administration, mise devant le fait accompli, risque de refuser de communiquer et d'entendre les plaintes des policiers malades, les seuls qu'il faut entendre !

Il convient de préciser que chaque intervenant sera libéré de son obligation de réserve et que le ministère de l'intérieur s'engagera solennellement à ne pas poursuivre les témoins même si leurs propos désignent ouvertement les managements détestables de certains hiérarques en activité. Cette garantie doit être inscrite au procès-verbal de réunion comme un préambule.

Il existe quelques associations actives et auprès desquelles de nombreux policiers en souffrance vont se confier notamment sur leurs relations avec la hiérarchie. La présence des plus sérieuses et des plus représentatives pourra être envisagée.

Enfin, le résultat de cette réunion devra être rendu public et faire l'objet d'une enquête poussée par les services de l'inspection générale de la police nationale (IGPN) sous couvert et sous le contrôle d'un collectif représentatif des participants.

Une première étape serait franchie, enfin on écouterait ceux qui ont quelque chose à dire, ceux qui ont vécu la descente aux enfers et qui pourront expliquer le mécanisme auquel sont soumis les policiers.

Mais pour cela il faut beaucoup de courage de la part de l'administration...

UNE RÉVOLUTION

Nous n'avons nullement envie de rétablir la Terreur ou même de prendre les armes pour investir le ministère de l'Intérieur. Nous avons seulement envie de révolutionner l'institution pour sauver les trop nombreux collègues qui sont au bord du passage à l'acte.

Par révolution il faut donc entendre changement brutal d'orientation et retour en arrière de toute l'institution en ce qui concerne sa vision du management et des ressources humaines.

Car il est important d'insister sur cet axe-là qui est trop souvent négligé par les hautes instances, elles préfèrent allègrement regarder du côté de la vie personnelle des suicidés en déplorant que, comme tout un chacun, ils seraient la cible de problèmes matrimoniaux, financiers et autres pour ne pas assumer les défaillances d'un système qu'ils cautionnent ouvertement. Sauf que tout citoyen est confronté à ces problématiques sans que le nombre de suicide au sein de la société ne soit exponentiel. Dans la police, il l'est !

Ainsi il faut que la révolution soit faite, et bien entendu pour la faire il faut énormément de courage politique en plus de la seule capacité à admettre ses erreurs. Nous le constatons chaque jour : la police est un véritable enjeu électoral. Alors comment faire de la politique non politicienne en ayant le courage et la détermination de changer les choses sans laisser sur le bord de la route son électorat avide de répression et d'incarcérations tout en proposant un chamboulement des arcanes de la police ? La question est ambitieuse puisque nous n'ignorons pas que les candidats aux élections restent obnubilés par des impératifs électoraux pouvant leur faire oublier tout ce qui n'est pas vendeur...

Prendre de telles décisions reste possible, bien évidemment, sans occulter le temps nécessaire à la mise en place d'une nouvelle stratégie de management et les risques encourus de se heurter à un refus global de toute une chaîne hiérarchique soumise à la dictature des primes aux résultats, des taux d'arrêts maladie et du nombre de tirs réglementaires effectués. Car c'est bien cela qu'il faut modifier, qu'il faut foutre en l'air pour revenir à une hiérarchie recentrée sur l'efficacité de ses subalternes par rapport aux faits se produisant sur un secteur déterminé et non par rapport à une politique du chiffre et donc une recherche incontrôlée d'infractions afin d'alimenter les statistiques. Cette façon de diriger engendre une pression terrible sur les fonctionnaires de terrain déjà soumis à de nombreuses forces ennemies.

Par révolution il faut comprendre nouvelles orientations et nouvelles stratégies, abandon immédiat de la culture du résultat tout comme les modes de rémunération des commissaires de police étroitement dépendants de cette dernière. Depuis 2002, cette politique a dénaturé considérablement les missions de la police et a fondamentalement ébranlé les structures et même le fonctionnement de l'institution, la rendant avide de résultats chiffrés et de primes considérables.

Le lien entre suicides et culture du chiffre est flagrant pour celui qui connaît la police et c'est très souvent le comportement de la hiérarchie qui crée chez le policier malade l'envie de mettre fin à ses jours. Pour le non-initié, il est plus compliqué de comprendre ce lien bien que bon nombre de salariés du privé soient aujourd'hui soumis aux mêmes règles de résultats, de rentabilité et d'efficience. Mais le policier reçoit en permanence insultes et crachats, il est mis au ban de la société, et il est sans cesse la cible de toute une population hostile et l'épicentre d'une haine orchestrée par certains partis politiques à des fins électorales.

Quelle formidable révolution cela serait !

RUPTURE CONVENTIONNELLE

C'est en fin d'année 2020, le 15 décembre précisément que le ministère de l'Intérieur publiait une circulaire concernant les modalités de la mise en œuvre d'une rupture conventionnelle au sein de son administration, notamment la Police.

Ce dispositif permettait donc aux fonctionnaires en ayant fait la demande de quitter leurs fonctions en bénéficiant d'une indemnité mais surtout de pouvoir s'inscrire comme demandeur d'emploi et de percevoir des allocations de chômage. Ce dispositif était innovant et pouvait enfin permettre aux nombreux policiers désireux de quitter le police de ne pas se lâcher d'une main sans se tenir de l'autre, mais aussi de pouvoir préparer et mettre en place une reconversion de manière plus sereine que lorsqu'ils donnaient leur démission et se retrouvaient sans ressource autre qu'une indemnité volontaire de départ correspondant à deux années de salaire.

En fin d'année 2020 l'annonce était faite dans les services de police, provoquant un véritable appel d'air puisque plus de trois mille demandes étaient faites en à peine un mois *(Source syndicale)*. La réponse de l'administration fut tout aussi rapide en bloquant les demandes sous le fallacieux prétexte que le ministère de l'Intérieur n'avait pas encore arrêté sa doctrine de rupture conventionnelle. Elle laissait mourir dans ses tiroirs poussiéreux les quelques dossiers dont le traitement avait été entamé sans avouer que l'engouement pour ce nouveau dispositif aurait certainement déstabilisé l'institution et aurait coûté une véritable petite fortune pour un ministère déjà en bien mauvaise situation. La quasi-totalité des demandeurs restaient donc le bec dans l'eau en attente d'une réponse ou tout au moins d'une étude de leur dossier, en vain.

En milieu d'année 2020 un policier ayant déposé un dossier de rupture conventionnelle perdait patience devant le silence assourdissant de son administration : il saisissait les services d'un cabinet d'avocat parisien, le cabinet d' Officio. La procédure entamée permettait au conseil du policier de saisir le tribunal administratif de Paris de la carence de l'administration. C'est donc le 21 avril que le tribunal administratif enjoignait au préfet de police de Paris d'émettre un avis suite à la demande de rupture conventionnelle formulée par le policier concerné.

Malgré tout, l'administration continue de traîner la patte en bloquant toutes les demandes de rupture, elle invoque des motifs tout aussi futiles et mensongers que ceux mis en avant par les services du ministère alors que le juge administratif leur ordonnait d'émettre un avis sur le dossier du policier impatient.

Ce qui est intéressant encore une fois n'est pas la mauvaise foi de l'administration policière, celle-ci est légendaire, c'est l'engouement dont autant de policiers ont fait preuve pour fuir la police et sauver leur peau de ce métier qui les ronge. Trois mille demandes ont été formulées en moins d'un mois et même si ce chiffre nous a été communiqué de manière officieuse nous pouvons affirmer qu'il est réel et qu'il est en fait l'arbre qui cache la forêt, la forêt de la désolation au sein de l'institution police.

Pourquoi l'institution ne s'alerte-t-elle pas de cette vague de demandes de départs ?

Trois mille policiers avaient vu, en cette rupture, un moyen de s'échapper du carcan que devient bien souvent la police, cela devrait alerter, cela devrait permettre aux responsables à minima de chercher à comprendre, faute d'être capable d'enrayer la vague de suicides. Mais absolument rien ne semble éveiller les consciences pas même ce tsunami d'intentions de fuite...

C'est pourtant éloquent, c'est pourtant flagrant et cela permet de mesurer les fonds abyssaux dans lesquels se trouvent les policiers. Alors pourquoi rien n'est fait pour aller fouiller dans les commissariats afin de comprendre le mécanisme intellectuel de ce policier désireux de fuir malgré son salaire confortable par rapport à la moyenne des salaires de notre pays ?

Ce qui est évident, c'est bien entendu l'incapacité de l'administration à se remettre en cause et à oser réformer avec force son institution. Elle est aveugle et sourde aux appels aux secours, elle est ingrate et insensible. Elle n'a certainement pas de cœur, elle est un énorme système fait par des hommes incapables de comprendre que sans changements probants la police se meurt et va continuer à tuer ses membres. En d'autres mots : la police se suicide-t-elle en acceptant d'être vidée de l'intérieur ?

Il est donc impératif que ce dispositif de rupture conventionnelle soit repris et que les demandes motivées par les fonctionnaires désireux d'en bénéficier soient toutes acceptées. Il y a urgence.

PROPORTIONNELLE

Dans un chapitre précédent nous évoquions ces flics de plus de quarante ans usés, bien trop fatigués pour poursuivre décemment une carrière et rester efficace. Ils ne parviennent plus à comprendre leur profession soumise à de trop nombreux bouleversements inhérents aux changements politiques et aux évolutions rapides d'une société devenue folle. Ces flics, nous sommes allés les rencontrer, même si Laure en côtoie au quotidien et que son regard sur eux ne cesse d'évoluer en suivant la courbe de leur démotivation et de leur incapacité à se remettre au travail convenablement.

Comme atteints par une léthargie profonde ou devenus lentement lymphatiques, une grande partie des policiers ayant dépassé la quarantaine ont atteint une sorte de plafond de plexiglas les empêchant de prendre des initiatives ou a minima les rendant indifférents au sort de la société qu'ils sont pourtant censés protéger. Ainsi, c'est parmi ces policiers que l'on trouve le plus de déprimés s'ignorant ou ayant une vague idée de leur état psychologique mais préférant bougonner plutôt que de chercher des solutions. Mais seuls, peuvent-ils les trouver ?

Lors de rencontres avec des policiers désabusés, nous avons mis en évidence ce besoin d'aller voir ailleurs et d'envisager autre chose pour leur carrière sans être capable de déterminer réellement et de façon détaillée ce qu'ils souhaiteraient faire et surtout comment il pourrait s'y prendre. Mais indéniablement ce besoin est très présent et devient obsessionnel chez bon nombre d'entre eux.

Ils maintenaient un gros nuage noir pour dissimuler leur rejet du métier pour ne pas laisser entrevoir le sentiment d'amertume de se sentir prisonnier de cette mission devenue un lourd fardeau, un boulot sordide qu'il ne tolère plus d'exercer.

Car nous en sommes en effet à ce stade. Cette catégorie de policiers est soumise à une contrainte présente dans leur vie depuis plus de vingt années et ils sont, pour la plupart, plus que désorientés ne sachant plus ce qu'ils valent ni personnellement ni professionnellement. Le constat est lourd puisque c'est cette génération de flics qui est censée encadrer les plus jeunes et leur donner, outre les bases du métier, une vraie direction à prendre pour leur succéder. Cette dernière mission, il y a bien longtemps que les quadragénaires l'ont abandonnée au profit d'un égocentrisme exacerbé bien nécessaire pour se protéger de tous les coups reçus.

Il s'agit là d'une génération entière de policiers et notamment les plus exposés, effectuant des missions de sécurité publique de terrain, génération qui est au bord du gouffre et n'est plus à même de servir son administration de tutelle, ni la société.

Si l'on considère encore qu'une part importante de cette génération constitue le corps des gradés (Brigadier-Chefs et Majors), on peut imaginer les défaillances de cette hiérarchie intermédiaire et l'abandon de la base face à une délinquance déterminée.

Ce phénomène est bien présent dans les rangs de la police et le nier serait une aberration supplémentaire, mais personne ne semble se pencher sur lui comme si, encore une fois, mettre en avant des problématiques sérieuses au sein de cette institution relevait du défi voire même du psychodrame.

L'usure prématurée et logique de ces fonctionnaires entre deux âges fait apparaître de manière flagrante que la plupart de gens concernés devenaient, tels ce gravillon dans la sandale d'un centurion, un scrupulus ralentissant considérablement la marche de toute la légion romaine. Mais, bien au-delà de cela, il apparaissait encore que ce gravillon ne gênait pas seulement la légion mais aussi impactait sérieusement la société par son manque de motivation et de capacité à encaisser quotidiennement les plaintes des citoyens.

De plus, inévitablement, ces fonctionnaires atteignant une certaine position sur leur échelle indiciaire coûtent à l'état un salaire devenu plutôt conséquent et notamment s'il est mis en balance avec les services rendus et avec le potentiel qu'ils peuvent représenter.

Dès lors, quelle solution apporter pour que cette génération de policiers usés puisse entrevoir une sortie honorable et ne représente plus un convoi lourd ralentissant le fonctionnement de toute l'institution ?

La réponse éclatait comme une évidence, au moins dans la théorie, et permettrait de redonner un second souffle à ces flics mais plus largement à la police et devrait permettre à la société d'accorder de nouveau sa confiance à ce métier.

Ce que nous proposons est simple et est directement inspiré de ce dont bénéficient les militaires et donc les gendarmes rattachés eux aussi au même ministère de tutelle, celui de l'Intérieur.

Cet aménagement dont les militaires ont l'apanage est lié aux spécificités de ce métier dangereux. Tout militaire peut bénéficier d'un départ anticipé en retraite après avoir exercé dix-neuf années et six mois. Ce qui fait qu'en moyenne les militaires quittent l'armée à quarante-trois ans avec une pension dite proportionnelle au temps passé dans l'armée et évidemment aux services spéciaux rapportant plus d'annuités. Ceci est un fait acté pour les militaires de l'armée française et jamais ce droit n'a été remis en cause sauf que l'échéance a été reculée à dix-neuf ans et six mois au lieu de quinze années auparavant. Ainsi, chaque jeune retraité de l'armée peut occuper, sous certaines règles fiscales, un emploi dans le privé ou créer sa propre entreprise en ayant en guise de filet de secours une petite pension lui assurant un minimum vital mais surtout en se reconstruisant une vie personnelle et professionnelle après avoir eu un engagement total.

Ce qui est étonnant aujourd'hui c'est que les militaires de la Gendarmerie nationale peuvent eux aussi bénéficier de cette disposition et donc de ce départ avancé en retraite. Nous ne voulons pas opposer les policiers aux gendarmes, mais nous devons malgré tout constater qu'il existe donc une dichotomie importante et flagrante entre ces deux corps chargés de la sécurité dans notre pays et dont les missions sont, non seulement encadrées et chapeautées par un ministre unique de l'Intérieur, mais surtout demeurent identiques excepté la zone d'intervention. Il faut aussi reconnaître que les policiers sont largement plus exposés que les gendarmes. Les villes étant plus dangereuses et bien plus génératrices de crimes et de délits que les campagnes les policiers sont de fait amenés à constater et à gérer bien plus d'infractions que les gendarmes.

Pour ces militaires, en particulier les sous-officiers, la seule contrainte à laquelle ils sont soumis pour bénéficier d'une retraite proportionnelle est d'effectuer seulement dix-sept ans de service. Cet avantage n'existe évidemment pas chez les policiers puisqu'ils sont civils. Mais alors pourquoi le statut des gendarmes leur permet de partir tôt alors que les policiers, pourtant regroupés sous la même autorité et effectuant des missions identiques, ne peuvent en bénéficier de cela ?

Ces dispositions ne sont pas récentes et à une époque où être militaire engendrait des contraintes bien plus difficiles que ce que les soldats peuvent aujourd'hui rencontrer, il convenait d'offrir à ces hommes-là une possibilité de terminer la carrière avant les autres salariés. Mais aujourd'hui, hormis les troupes engagées en missions extérieures, il ne semble pas que les militaires soient soumis à des difficultés particulières d'exercice. Il est cependant plus intéressant de faire le parallèle avec les gendarmes dont la mission est comparable à celle des policiers et non les militaires.

La proposition que nous faisons est simple : aligner le droit à la retraite des policiers sur celui des gendarmes, soit à partir de dix-sept années de carrière en bénéficiant d'une pension proportionnée aux nombres d'annuités acquises durant la carrière.

Bien évidemment, en cette période de réflexions voire de modifications des dispositions de retraite et notamment celle du régime général, nous avons conscience qu'une telle proposition peut surprendre ou même choquer. Mais peut-on poursuivre ainsi, avons-nous le droit de laisser une génération entière de policiers démotivés et désabusés rester en poste sans espoir de porte de sortie honorable, doit-on laisser l'institution policière en position d'infériorité par rapport à la gendarmerie ?

Ces questions doivent être posées au plus haut sommet de l'état afin de faire bénéficier les policiers de dispositions plus justes pour que le service public de qualité soit mieux rendu par des fonctionnaires motivés.

Il est temps de réfléchir sur le statut des policiers et de comprendre les difficultés qu'ils rencontrent et que bon nombre d'entre eux ne peuvent plus assumer.

Les clefs permettant de déverrouiller les portes bien closes du phénomène des suicides au sein de la police sont en grande partie dans cette proposition pouvant permettre de donner une véritable bouffée d'oxygène à une corporation qui étouffe. Nous sommes en droit de nous interroger encore sur l'incapacité de l'administration à réfléchir sur cette disposition de départ avancé en retraite. Évidemment nous ne négligeons pas l'impact financier, mais nous pouvons mettre en regard le coût salarial comparé au service rendu, et indéniablement il serait préférable de placer en retraite des personnels désabusés plutôt que de les maintenir en activité et en les payant confortablement par rapport au salaire moyen du privé.

L'administration centrale ne craindrait-elle pas une véritable hémorragie qu'aucun garrot ne parviendrait à enrayer, une fuite de ses effectifs et des difficultés à les remplacer ? Ou bien estimerait-elle le coût bien trop lourd pour un régime de retraite spécial qui pourtant ne devrait pas faire l'objet de réformes profondes ?

Ces dernières questions sont posées à travers nos écrits et nous mesurons la portée de notre proposition pour aligner la police sur les gendarmes, mais nous sommes encore et surtout capables de mesurer ce que coûtent, en termes de rémunération mais aussi d'inefficacité, ces personnels sans motivation et bien trop usés par le métier de policier. Alors il nous appartient encore une fois, à travers cet ouvrage, de mettre en évidence l'état de santé psychologique des policiers et l'affaiblissement du service public, service qui ne peut plus être rendu par ces personnels usés. Nous n'avons pas d'autres ambitions que de réveiller les mentalités et faire bouger les lignes de toutes ces personnes qui ont position avant nous sur les phénomènes de suicides, sans que les mesures qu'ils ont pu prendre ne conduisent à une vraie solution adaptée et pragmatique.

Ce que nous demandons n'est pas un avantage supplémentaire que l'on accorderait aux fonctionnaires de police mais seulement un aménagement de leurs conditions de travail afin de faciliter la durabilité de leur motivation au sein de la fonction, ce qui leur permettrait de rester efficaces et rentables pour un état et une société en demande légitime. Il ne faut absolument pas voir dans notre démarche une sollicitation pour l'obtention d'une aubaine mais une véritable reconnaissance des difficultés innombrables du métier de policier et le rétablissement logique et cohérent d'un équilibre entre deux forces chargées des mêmes missions de police sur le même territoire national.

Le but est d'enrayer la litanie des suicides et alors que ce matin, 24 février, un quinzième policier depuis le début de l'année, vient de mettre fin à ses jours, notre proposition ne semble pas illégitime et décalée, elle est l'une des solutions que l'état doit très vite appliquer.

Notre analyse des effectifs de police a été transversale et complète, nous avons rencontré bon nombre de collègues et notamment ceux en difficultés psychologiques, et à chacun d'eux nous avons présenté notre proposition : tous l'ont accueilli comme une vraie chance de s'en sortir et de rebondir.

La police nationale est malade et jusqu'à présent les médicaments qui lui ont été administrés sont inefficaces. Il est temps de passer la vitesse supérieure et de remplacer le placebo par de vrais antibiotiques puissants et efficaces !

RÉSERVES ET SENTINELLES

En amont d'un départ prématuré en retraite, il est important de préparer les policiers à quitter leur fonction. Il serait donc primordial que l'administration centrale mette en place un vrai service dédié à ceux qui ont opté pour un départ anticipé. Il faciliterait une reconversion ou tout au moins proposerait des emplois réservés, à l'instar de ce qui est fait pour les gendarmes. Il est vrai que pour les militaires issus de la gendarmerie l'obtention d'un emploi réservé n'est plus aussi aisé qu'à une certaine époque, mais malgré tout le candidat ayant plusieurs années au sein de cette arme reste un excellent atout pour les recruteurs.

Il conviendrait donc que le policier ayant fait part de son intention de quitter son emploi soit pris en charge, dans un délai raisonnable avant son départ, et soit guidé vers une reconversion en mettant en place, si le besoin est, une préparation de diplômes ou de qualifications.

Ces mesures ne sont pas insurmontables et l'État peut largement en assumer le coût, mais pour cela il faut que les hautes instances entendent que le fonctionnement actuel est arrivé à son terme et qu'elles doivent impérativement trouver des solutions pour les fonctionnaires désabusés et au bord de l'épuisement professionnel.

Nous avons longuement détaillé les motifs pouvant pousser les fonctionnaires de police à se donner la mort et nous pensons que notre liste n'est malheureusement pas exhaustive car chaque cas reste particulier tout en étant étroitement lié aux mêmes circonstances et à des causes identiques. Ce constat, il ne nous a pas été bien difficile de l'établir puisque il a suffi de s'inspirer de nos propres expériences et d'aller à la rencontre de ceux qui souffrent et de les écouter longuement. Cela nous a permis de mesurer réellement les profondeurs abyssales du gouffre dans lequel les policiers ont sombré et au fond duquel ils se trouvent actuellement sans pouvoir se défaire d'une multitude de problèmes tous plus complexes les uns que les autres. Le constat est triste et nous l'avons reçu de façon brutale parce qu'il nous a été donné de manière sincère et sans retenue, parce que ceux qui nous ont parlé n'ont pas eu la force de retenir leurs émotions. Est-ce le désespoir ou l'espoir de voir en nous et notre travail la possibilité de sortir du marasme et que notre ouvrage puisse enfin contribuer, même modestement, à inverser une tendance dramatique, nous l'ignorons. Mais ce qui nous a été donné a été aussi lourd à porter et à conserver, car nous ne voulions pas trahir la confiance placée entre eux et nous deux.

Peu de personnes peuvent mesurer l'état de santé psychologique d'une grande partie des policiers et notamment ceux de la base, qui arpentent chaque jour les ruelles de nos villes. Pour le comprendre il faut avoir appartenu ou appartenir encore à cette institution et se pencher objectivement sur cette problématique, en délaissant tous les à priori et les palabres des porte-paroles du ministère. Il faut mettre les mains dans la fange et entrer dans le crâne de ces policiers sans faillir à notre devoir de ne pas déformer leurs propos et sans évidemment dévoiler leurs identités.

Des policiers épuisés, il y en a partout, dans toutes les circonscriptions, toutes les villes. Cela est indéniable car où qu'il puisse se trouver le policier est malade, le flic reste la cible d'une rafale de flèches dont les plus acérées sont souvent tirées de l'intérieur. Cela est une évidence et errer dans un commissariat suffit à le mesurer. Les locaux sont vétustes, les visages sont fermés, les yeux sont cernés et le café qu'ils avalent leur laisse quotidiennement le goût amer de ne pas voir leur administration de tutelle avoir la moindre réaction. Comme nous ils comptent chaque matin le nombre des policiers se donnant la mort, ils sont résignés à n'être que les comptables de cette désespérante litanie sans pouvoir la stopper mais souvent en espérant ne pas l'alourdir par leur propre suicide.

C'est le constat que nous avons pu établir et que nous souhaitons porter à la connaissance du plus grand nombre afin de montrer que rien n'est inéluctable et que le courage qu'il faut avoir pour enrayer cette vague de suicide peut être trouvé simplement en écoutant ceux qui souffrent sans les blâmer ou les ostraciser. C'est malheureusement ce qui se pratique aujourd'hui puisque la reconnaissance des difficultés se fait davantage au niveau des médias que des hautes instances policières, niant encore l'évidence et refusant d'assumer leurs propres responsabilités.

Ce sont bien les modes de management qui sont les premières causes de suicides au sein de la police, sans nier ou occulter toutes les autres problématiques intervenant dans une vie de flic. Parmi ces paramètres perturbateurs, nous avons énoncé les conditions d'exercice sur le terrain et la perte totale d'autorité d'un état au travers de ses policiers, mais nous n'oublions pas que tous ces paramètres convergent inéluctablement vers un point névralgique pour donner au policier des envies suicidaires.

Ce qui est primordial reste l'état de santé psychologique des policiers et donc plus largement l'intérêt de l'État de conserver une force de police suffisamment forte pour lutter contre une insécurité grandissante. Il suffit, pour analyser cela, de regarder du côté de la santé au travail et des visites médicales que doit passer chaque salarié. Personnellement, en plus de vingt années de police, je n'ai eu à me rendre devant la médecine du travail que deux fois et la seconde visite était motivée par le fait que j'occupais un poste en Brigade Anticriminalité dans un secteur très difficile et que j'étais confronté en permanence à des assauts physiques et psychologiques d'une criminalité extrêmement violente. Cette dernière visite médicale avait été demandée par notre chef de service afin de mesurer enfin nos états psychologiques. A défaut d'avoir pu consulter un psychologue c'est un médecin généraliste qui nous a reçus auquel il était très facile de dissimuler un quelconque mal-être si tant est qu'il puisse encore en exister un. Pour Laure, c'est exactement la même chose, voire pire encore : elle n'a été visitée qu'une seule fois par la médecine du travail à son arrivée à Marseille, et cela dans le cadre d'une visite qui devait être annuelle mais qui ne sera pas renouvelée avant une vingtaine d'années, sans bien évidemment que soit abordée la thématique psychologique, et donc son état mental et les problèmes qu'elle pouvait rencontrer durant l'exercice de son métier.

Voilà l'aspect embryonnaire de la médecine du travail dans la police nationale française !

Qu'en est-il de la médecine psychologique dans la police en reconnaissant d'emblée que quelques mesures concrètes ont été prises suite aux nombreux suicides ? En effet, dans chaque région de France se trouve un Service de Soutien Psychologique Opérationnel (SSPO) récemment renforcé par un numéro d'appel disponible 24 h/24. La particularité de ce numéro est qu'il est géré par un organisme sous-traitant indépendant et externe à la profession. Cette initiative est à saluer puisque mettre au service des policiers des psychologues privés peut surprendre mais reste une bonne alternative face aux craintes des policiers de devoir se répandre auprès d'un psy de « la boîte », avec le risque supposé que cela représente en termes de répercussions par la voie hiérarchique.

Dernièrement, ce sont des policiers sentinelles qui ont été annoncés comme des éclaireurs de la mauvaise santé psychologique de leurs confrères. Le Directeur Général de la Police Nationale, Frédéric Veaux, souhaiterait s'intéresser a ce qui se fait au Canada, pays pionnier dans la prévention du suicide dans la police. Grâce à ses Sentinelles, la police de Montréal avait réduit de 79 % le nombre de suicides dans ses rangs entre 1997 et 2008, alors ramené à seulement quatre cas. De son côté le ministre Gérald Darmanin a annoncé l'arrivée de vingt psychologues supplémentaires au sein du service de soutien psychologique opérationnel, portant leurs effectifs à cent vingt pour les cent quarante-cinq mille policiers de France.

L'initiative des policiers sentinelles peut être une bonne idée mais doit-on objectivement faire surveiller des policiers par d'autres policiers qui, même formés, peuvent eux aussi être profondément marqués par les difficultés de leur tâche et dissimuler un mal-être profond ? La mission de ces sentinelles serait de détecter des attitudes, des comportements ou des propos de policiers afin d'anticiper un passage à l'acte. Mais doit-on rappeler que la majorité des fonctionnaires ayant pressé la détente de leur arme de service pour libérer une ogive de 9 mm dans leur crâne n'avaient donné aucun signe avant-coureur d'une quelconque pathologie mentale et n'avaient jamais fait allusion à un suicide ? De plus, n'est-ce pas occulter tout le travail se faisant déjà en amont et le regard complaisant que peuvent avoir les policiers naturellement entre eux, ne serait-ce que parcqu'ils sont souvent amis avant d'être collègues ?

Tous les policiers consultés et ayant eu affaire à un cas de suicide au sein de leur groupe de travail avouent ne jamais avoir décelé quoi que ce soit en amont. Laure elle-même n'a pas vu venir le suicide d'un des leurs alors qu'en tant que chef de groupe elle lui accordait un départ avancé, départ qu'il a utilisé pour mettre fin à ses jours. Il n'avait que vingt-quatre ans. Les limites de ce dispositif sont celles-là : Laure aurait été sentinelle qu'elle n'aurait pas suspecté le suicide de ce jeune flic avec lequel pourtant elle travaillait chaque jour.

Enfin, quelques autres mesurettes sont proposées sans qu'elles ne voient vraiment le jour par manque de budgets, de personnels ou de volonté tout simplement.

Mais à l'heure où nous écrivons ce texte nous récoltons encore d'innombrables renseignements et nous pouvons établir un simple et triste constat, celui de l'échec de la mesure puisqu'aux appels d'offre de l'administration très peu de policiers ont répondu présents pour recevoir la formation et devenir sentinelles. Ceci est indéniablement le reflet de l'état psychologique des policiers eux-mêmes, qui ont compris que ladite mesure est dérisoire et qu'aucun d'entre eux ne se pense capable d'assumer une telle fonction. De plus, il est important de mettre en avant le comportement de la hiérarchie face à la présence de policiers sentinelles, promis à devenir des parapluies pour les couvrir en cas de suicide non détecté. Cela nous a été rapporté par les policiers que nous avons rencontrés, cette crainte est récurrente et, nous devons l'avouer, elle est bien fondée !

La psychologie du policier est plus un sujet d'études (des analyses sociologiques aux articles de presse) qu'un sujet de préoccupation. Il n'y a de réflexions ministérielles qu'en périodes noires où les policiers se donnent profusément la mort puisque la place Bauveau est subitement soumise à une pression des médias et, bien évidemment, des syndicats et autres associations luttant contre le suicide des policiers.

Ce phénomène est très marquant car il met en évidence les multiples carences de l'État et démontre facilement que les autorités compétentes ne se penchent sérieusement sur le probléme que lorsqu'elles sont contraintes de le faire. Le reste du temps, c'est au travers des réseaux sociaux que les suicides de flics sont égrenés puisqu'à force d'alimenter les dépêches de l'AFP ils semblent ne plus passionner la presse non plus.

Nous en voulons pour preuve l'enquête réalisée par Sébastian Roché, Directeur de recherches au CNRS de Grenoble, sur la vague de suicides au sein de la police. Son constat est précis et met en évidence ce qui est pour nous plus que flagrant. Ainsi alors qu'il est interviewé par le journal *Le Monde*, il répond le 20 avril 2019 à la question : quelles sont les causes de ce taux de « sur-suicides » dans la police ?

– « *On ne le sait pas justement. Et c'est bien le problème. Il n'existe aucune étude de fond du ministère de l'intérieur permettant d'analyser le phénomène. Il y a un défaut de volonté de comprendre. C'est une lacune historique et structurelle de Beauvau. Résultat, nous n'avons toujours pas réussi à identifier le problème ni été capables de mesurer l'efficacité des mesures mises en place jusqu'à présent.*

Ce qui est nouveau, en revanche, c'est d'entendre le ministre de l'intérieur, Christophe Castaner, dire que les causes ne sont peut-être pas uniquement d'ordre personnel, mais qu'elles peuvent être liées au métier. C'est une façon de reconnaître la responsabilité de l'employeur, c'est-à-dire de l'État. »

Il ajoute en répondant à la question : *Les syndicats de police dénoncent des conditions de travail éprouvantes.* La crise des « gilets jaunes » peut-elle être un facteur ?

– « *L'intensité du travail n'est pas une explication en soi. Il s'agit probablement d'une conjonction de facteurs. L'année 2016, post-attentats, a été une année de forte mobilisation policière et de grandes tensions pour les forces de l'ordre, et pourtant les suicides avaient diminué par rapport à 2015. La qualité de la relation avec la population joue probablement un rôle important. En 2016, elle était meilleure que les années précédentes, ce qui peut aider les policiers à donner un sens à leur engagement.*

Sur ce terrain, 2019 est une année conflictuelle et donc difficile. Les policiers sont mis en cause par une partie de la population qui jusque-là les soutenait. Pour répondre à leur détresse, il ne suffit pas d'ouvrir une ligne téléphonique, comme le prévoit le plan anti suicides, il faut multiplier les portes d'entrée pour appeler à l'aide... »

L'enquête est de 2019 et depuis rien n'a évolué puisque aujourd'hui, à la fin du mois de mars, nous dénombrons vingt-et-un suicides. L'administration ne semble pas avoir pris en considération les conclusions du chercheur malgré sa clairvoyance sur le phénomène. Une fois encore, nous ne pouvons que déplorer le manque de lucidité d'une administration policière alors que les motifs du mal-être policier semblent évidents.

FONDAMENTAUX

Il faut revenir d'urgence aux fondamentaux...

Depuis que nous avons débuté l'écriture de ce livre nous n'avons pas cessé de réfléchir aux multiples pistes afin de sortir les policiers fragilisés psychologiquement de l'ornière dans laquelle ils sont empêtrés. Nos idées fusaient chaque soir alors que nous avions pris place sur notre canapé et que les enfants étaient couchés. Des idées, nous n'en manquions pas et nous constations très vite que toutes convergeaient vers un même point, un même idéal et un même concept de police : celui que nous avions connu alors que nous n'étions que de tout jeunes policiers. De façon générale, nous nous refusions à dire que c'était mieux avant et que la police que nous avions eu la chance de connaître était mieux, beaucoup mieux que celle d'aujourd'hui et qu'à l'époque nous vivions de bons moments et nous étions fiers d'exercer ce métier. Nous préférions alors raisonner différemment et songer aux modifications de la société depuis ces trente dernières années, ces transformations sociétales ayant inéluctablement secoué la police et les policiers. Nous avions du mal à nous défaire de cette idée que NOTRE police était mieux que celle d'aujourd'hui. Néanmoins, et parce que cela allait dans une certaine logique, il fallait comparer ce que nous avions connu et ce qui se déroule aujourd'hui dans la rue et dans les commissariats.

Tous deux avions arpenté les rues de nos villes, tous deux avions fréquenté les coins sordides et dangereux des banlieues avec leur lot de violence quotidienne. Nous étions forts de nos expériences et donc suffisamment armés pour effectuer la comparaison du fonctionnement intrinsèque des unités de police de terrain qui s'imposait à nous.

Pour commencer, il fallut mettre en opposition la délinquance et la criminalité à laquelle les policiers contemporains sont confrontés par rapport à celle d'il y a vingt ans. Ce fut facile à réaliser et très vite nous parvenions au constat que ce n'était pas la criminalité qui avait fondamentalement changé mais bien les méthodes de travail de la police et ce à quoi ces forces de sécurité étaient soumises. La criminalité est aujourd'hui plus active et les délinquants bien plus jeunes qu'auparavant mais les infractions constatées n'ont pas beaucoup évolué même si elles restent bien plus nombreuses. Ce qui n'a pas changé reste indéniablement les commissariats et leur fonctionnement intrinsèque. C'est dans ce domaine qu'il y a le moins d'évolution, laissant les policiers à la traîne d'une violence se structurant et s'organisant sans qu'une quelconque et efficace réponse de l'État soit donnée.

Nous évoquions les téléphones portables et les caméras dont ils sont équipés, nous évoquions toujours les réseaux sociaux et le flot d'insanités dont les flics de terrain peuvent être la cible. Nous n'avions pas connu cela à notre début de carrière, et donc nous n'avions pas été mis sous cette pression terrible de voir son portrait sur Facebook ou encore plus sur C8 chez Cyril Hanouna où des chroniqueurs sans envergure ni connaissances particulières du métier de policier allaient s'acharner à coups de tablettes pour voter oui ou non sur le bien-fondé d'une action policière « vidéastée » par un délinquant refusant son interpellation.

Il fallait surtout échanger sur les modes de direction qui, à notre époque, n'étaient pas encore qualifiés de management et sur ce que nos hiérarques étaient devenus. Là, nous étions encore d'accord pour dire que tout avait changé et que les patrons que nous avions connus – de vrais flics – avaient été allégrement remplacés par des gestionnaires, des managers et des comptables d'une activité chiffrée et rentable. Une fois encore nous étions unanimes pour dire que c'est dans ce domaine que nous avions constaté le plus de chamboulements et le plus de plaintes émanant des policiers en activité, et donc également ceux en détresse psychologique.

Il fallait évoquer les autres paramètres qui à nos yeux restaient secondaires mais à travers lesquels nous parvenions à mettre en avant d'autres changements de cette profession : la montée en puissance d'une criminalité et notamment du terrorisme qui s'est placé au premier poste des risques potentiels dans notre société et peut exposer brutalement chaque policier lors de ses patrouilles quotidiennes.

Rapidement s'est imposé le constat simple de devoir revenir au plus vite aux fondamentaux d'une police plus proche des citoyens avec des missions plus en adéquation avec la réalité du terrain, sans recherche de résultats chiffrés et donc sans pression mise par une hiérarchie avide de tableaux excel et de primes aux résultats.

Comment revenir à cette police ? Comment inverser une tendance ayant formaté la profession depuis plus de vingt ans et ayant surtout perverti le fonctionnaire depuis la base jusqu'au sommet au point d'engendrer un tel mal-être et tant de suicides ?

Répondre à cette question ne semble pas aisé et pourtant nous allons, dans ce paragraphe, tenter de le faire sans tomber dans la démagogie ou l'angélisme mais en gardant en tête les impératifs qui doivent être respectés pour que cette police redevienne humaine et respecte ses propres effectifs.

Ce que nous avons connu et dont nous déplorons la fin n'existe donc plus. Pourtant, la structure d'un commissariat de quartier, jadis existante, était simple et était calquée sur les réels besoins de la circonscription en fonction des faits constatés en un lieu déterminé. Aujourd'hui, ces besoins n'ont pas beaucoup évolué, ils restent fondamentalement les mêmes, cette façon de faire de la police n'est plus, bien qu'elle ait démontré son efficacité en son temps. Mais aujourd'hui ce qui compte n'est plus l'efficacité en termes de travail fourni pour mettre à mal la délinquance mais une sorte d'usine à gaz ou se mêlent les ambitions politiques, sorte d'emplâtres sur des jambes de bois, pour laisser croire à une société crédule que l'on veille sur elle et sur ses biens tout en sachant que lutter contre la délinquance de rue est d'une certaine manière vider le tonneau des Danaïdes. En effet, la justice est aussi dépassée et plus rien ne se fait non plus en matière de prévention. Mais revenir aux fondamentaux coûterait cher, si cher qu'il vaut mieux abandonner l'idée d'une police proche des citoyens et d'une force capable de lutter réellement et efficacement contre la criminalité. Mais, outre les budgets, il faut comprendre que les rouages de la police d'aujourd'hui sont coincés par une politique du chiffre bien trop ancrée dans les esprits et les carrières pour être abandonnée au profit d'une police républicaine en phase avec la réelle lutte contre les délinquants. Ce qui importe de nos jours n'est pas l'efficacité pure mais ce qui peut ressembler à de l'à-peu-près, puisque nous n'ignorons pas que les finances de notre pays sont au plus mal et que le chantier de rétablissement d'une police forte comme d'une justice puissante est colossal et excessivement onéreux. Alors, nous poursuivons dans cette direction, dans ce monde parallèle de faux-semblants et de mensonges éhontés en laissant croire que les responsables politiques ont la main sur la délinquance et qu'il suffit d'un candidat de tel ou tel bord politique ou tenant des propos plus extrêmes que son camarade pour enrayer la courbe de la délinquance et celle des suicides au sein de la police, car bien évidemment les deux sont aussi liées. Car ce qui impacte le moral des policiers est bien de se demander à quoi ils peuvent bien servir hormis de pantins pour des candidats à des élections permanentes puisqu'un élu pense, au lendemain de son élection, à sa réélection. Là encore, il faut mesurer le mal-être des policiers. Depuis qu'il est au centre de toutes les attentions, le policier s'interroge sur sa mission qui lui a totalement échappé pour appartenir à celui qui va filmer une interpellation avec son téléphone ou à ce responsable politique mal conseillé parvenant à déblatérer des inepties sur un métier dont il ignore tout et notamment ce qui relève du vrai professionnalisme.

Cela aussi participe au malaise des policiers et un retour à une mission fondamentale animée uniquement par le bon sens nous semble l'une des réponses à apporter à ces flics en fâcheuse posture.

SOCIAL

Ce volet revêt un caractère particulier car il échappe trop souvent à l'analyse du malaise au sein de la police. Par volet social nous entendons tout ce qui touche à la vie sociale du fonctionnaire de police que ce soit son assurance complémentaire, ses vacances, ses loisirs ou même sa rémunération. Dans ce domaine-là, nous ne comptons plus les conversations que nous avons pu avoir et durant lesquelles nos interlocuteurs, n'appartenant évidemment pas à la profession, affirmaient que nous étions bénéficiaires d'avantages colossaux et ce tant dans le domaine salarial que dans bien d'autres secteurs. Nous nous efforcions donc de rappeler que les policiers n'étaient pas bénéficiaires d'un treizième mois de salaire, que la police ne possédait pas de comité d'entreprise et que le policier ne reçoit pas de tickets restaurant bien qu'il n'existe aucune structure de restauration dans tout lieu abritant un service de police nationale. Cela semble anodin, mais il faut mesurer la différence qui existe entre les salariés du privé ou d'une collectivité territoriale, bénéficiant de vacances ensoleillées à bas coût et dégainant aux moindres agapes leurs tickets restaurant, et le policier devant payer ses vacances au tarif plein et s'acquitter du montant de ses mets sans soutien du sésame financé en grande partie par son employeur. Le policier ne bénéficie donc de rien ou de bien peu de choses dans le domaine du social sans même parler, notamment en région parisienne, de l'absence d'un service compétent qui faciliterait la tâche des jeunes flics nouvellement affectés pour trouver un logement avec un maigre salaire de mille six cents euros par mois.

Dans le domaine de la santé, il existe des mutuelles complémentaires dont la plus importante, la Mutuelle Générale de la Police (MGP), facture ses cotisations à des sommes astronomiques alors que les employeurs privés sont contraints de financer une partie d'une mutuelle pour chacun de leurs employés, ne laissant à ce dernier qu'une somme abordable à payer. Ces avantages-là n'existent absolument pas dans la police malgré le nombre important de salariés que cette institution compte et ce en dépit souvent des règles et des règlements contraignant l'administration à mettre à la disposition de ses fonctionnaires ce type de dispositifs. Cependant, depuis le début de l'année 2022, les agents de la fonction publique d'État bénéficient d'un forfait mensuel de 15 euros correspondant au remboursement d'une partie des cotisations de protection sociale complémentaire. Cette prise en charge sera de 50 % du coût de la mutuelle au 1er janvier 2024, encore faudra-t-il voir les modalités à ce moment-là et savoir si les ayants droits pourront en bénéficier, l'administration n'étant pas pressée de répondre clairement aux interrogations de ses administrés qui n'ont qu'à attendre sagement l'arrivée de 2024.

Pour ce qui est d'un Comité d'entreprise, qui pourrait proposer des loisirs ou des vacances à tarif réduit, les quelques initiatives existantes sont du fait d'associations indépendantes mais bien évidemment aucune ne peut apporter les avantages que donnerait une structure d'état. Elles se battent chacune de leur côté pour proposer des avantages négociés avec des partenaires, souvent locaux. Nous les voyons émerger et parfois disparaître aussi rapidement qu'elles ont vu le jour. Menées à bras le corps par des bénévoles, certes courageux, elles s'essoufflent et s'épuisent.

Si nous nous attardons sur les moyens et les structures mises en place pour porter aide et assistance aux policiers en déficience psychologique, là encore l'administration brille par son absence et ses carences. En effet, c'est par le biais de l'ANAS, structure associative, que ces policiers-là sont pris en charge dans un unique centre médicalisé en France située près de Tours (37), celui du Courbat. Même si le ministère de l'Intérieur participe aux subventions qu'il alloue à l'ANAS, reconnue d'utilité publique depuis 1977, il n'en reste pas moins que, outre l'initiative de la création du centre comme son administration et son fonctionnement, tout dépend de l'ANAS et des hommes et des femmes qui la composent. De son côté, le ministère de l'Intérieur semble préférer laisser faire les policiers plutôt que de créer de son initiative des structures adaptées. Sans doute les mettre en place serait reconnaître les carences de toute une institution comme les manquements des différentes strates, notamment celles placées au sommet de la hiérarchie.

Un protocole d'accord pour les cinq années à venir vient d'être signé. Plusieurs points sont stipulés, comme accroître les solutions en matière de garde d'enfants notamment en horaires atypiques, mais aussi il est précisé que ce protocole prévoit « la réservation de 225 places de crèche supplémentaires d'ici à la fin de 2027, en particulier en Province soit une augmentation de 25 % par rapport à l'offre existante... ». Si nos calculs sont bons, cela veut tout simplement dire que, pour l'ensemble des agents du ministère de l'Intérieur, seulement 900 places en crèche sont réservées aujourd'hui sur tout le territoire, il est quand même temps d'accroître cette offre, nous sommes plus de 130 000 fonctionnaires !

Il est également prévu dans ce protocole de développer les offres type « comité d'entreprise ». Cela nous a fait immédiatement sourire, nous avons malheureusement appris tous les deux à lire entre les lignes et à décrypter ces belles phrases, couchées sur papier glacé, écrites par cette administration. Oui, car une fois que l'on a écrit ça, une fois que ces belles phrases sont sagement retranscrites sur une fiche (la numéro 4 pour ce point) agrémentées d'un joli dessin primaire dont seules les couleurs du drapeau tricolore ressortent, une fois que l'on a écrit ça, on a tout écrit. Il est ainsi mentionné que « l'accès des agents de la police nationale aux offres de loisirs sera facilité » sans pour autant prendre en compte l'absence d'un comité d'entreprise et que « Les crédits consacrés à l'Arbre de Noël seront augmentés pour marquer le souhait du ministère de l'Intérieur de s'associer à ces moments de convivialité et de cohésion avec les enfants et leurs parents ». Nous comprenons que Noël soit une fête majeure pour chacun d'entre nous, mais limiter ce volet à seulement ces deux annonces nous désole.

À quand une réelle volonté de développer l'offre sociale au sein de notre institution ? À quand une réelle prise de conscience et un vrai programme ambitieux à la hauteur de ces agents qui sacrifient leur vie familiale ? Les phrases sont belles, avec des lettres rondes et bien formées, elles tentent de réchauffer ces cœurs, mais il manque quelque chose à l'appel : les actes !

L'heure n'est plus aux belles phrases, l'heure est à la prise de conscience et à un programme ambitieux !

L'ANAS OU LE BAL MASQUÉ

En cette fin avril, un parfum de vacances d'été plane dans le commissariat. J'y retrouve mon bureau et mes collègues. Alors que je m'installe sur mon siège élimé, je remarque un dépliant posé sur un coin de table. Je n'ai aucun mal à le reconnaître, c'est le « vac'anas », le catalogue des centres de vacances de l'association dont j'ai fait partie pendant de nombreuses années. Je l'attrape au passage, le pose devant moi et je laisse aller mes songes et mes souvenirs.

Il n'est pas aisé de parler de moi et encore moins des responsabilités tant syndicales qu'associatives que j'ai assumées, mais je pense qu'il est nécessaire que je le fasse dans ce chapitre. Je connais très bien la structure de l'Anas, et pour cause : j'ai été élue en 2009 au sein de son Conseil d'Administration National et c'est en 2015 que, dans un climat tendu et complexe, je prenais le poste de Secrétaire Générale pour ensuite endosser celui de Vice-Présidente Nationale jusqu'en décembre 2018. Depuis juin 2020, j'ai décidé de quitter définitivement mon poste de membre du Conseil d'Administration National et je n'ai plus aucun mandat associatif. J'ai été éreintée par ce que j'ai vu, par ce que j'ai pu y constater. Je vais, pour l'intérêt des flics en détresse psychologique et pour leurs familles, le détailler.

Aujourd'hui, parmi mes pairs, mes collègues, je feuillette ce catalogue et le papier glacé commence à coller à mes doigts tant mes mains moites trahissent l'émotion qui me submerge et que je tente de contenir. Je ne peux m'empêcher d'avoir un sentiment de gâchis, d'énorme gâchis, un sentiment qui ne s'est malheureusement pas atténué malgré le temps qui a passé. Un sentiment que je tente d'oublier.

Je connais bien, même très bien l'Anas, n'en déplaise à certains et les fonctions que j'y ai assurées m'ont permis de plonger littéralement dans son fonctionnement mais aussi dans ses travers. Je ne les ai pas cautionnés, j'ai tenté humblement de les atténuer en ayant conscience que je ne parviendrais pas à les effacer... mais j'ai fini par démissionner.

Un de mes collègues, me voyant feuilleter le catalogue, me demande de quoi il s'agit. Je le regarde et le lui tend en lui demandant avec un petit sourire : « Pourquoi ? tu ne connais pas l'Anas ? ». Il me répond par la négative, je ne suis pas surprise car il y a une certaine catégorie de collègues qui ne connaissent pas cette association et, en douze ans de mandat national, j'en connais la raison principale que je développerai plus tard.

Et pourtant, de toutes les structures associatives créées en marge de la police nationale et notamment en parallèle du malaise psychologique des policiers, il en existe une qui caracole au sommet de la notoriété, c'est l'Association Nationale d'Action Sociale du ministère de l'Intérieur avec pour devise « Solidarité Fraternité ».

Elle est aussi la plus ancienne et fut, durant de longues années, la seule à œuvrer pour le bien-être mental des flics en mettant à leur disposition le centre médicalisé du Courbat et d'autres prestations notamment des centres de vacances.

Il est intéressant de s'interroger sur le fonctionnement de la structure associative la plus importante et d'aller fouiller un peu dans ce mécanisme opaque. Malgré les sommes astronomiques allouées par le ministère de l'Intérieur afin de faire fonctionner une énorme machine, les services rendus à ce jour ne semblent plus à la hauteur des espérances des demandeurs. C'est bien malheureux, ne serait-ce que par respect pour ses fondateurs.

Il faudra nous plonger dans l'histoire – notamment dans l'histoire syndicale – pour mieux comprendre.

C'est au lendemain de la Seconde Guerre Mondiale, dès la fin 1944, qu'un homme courageux allait participer à la création de la Fédération de la Police, alors affiliée à la CGT. René Brieude était un homme d'idéaux et de convictions profondes, et sans l'avoir jamais rencontré, j'ai l'impression de le connaître un peu. En somme, je l'admire non seulement pour ce qu'il a enduré durant la Seconde Guerre Mondiale, pour son parcours durant ces sombres années, mais aussi pour ce qu'il a fait par la suite. Plus que tout, aujourd'hui, je pense à lui et j'ai un pincement au cœur en voyant ce que cette association est devenue. Aurait-il voulu cela, lui l'idéaliste au grand cœur ? Mais revenons à l'histoire...

Cette fédération regroupait la quasi-totalité des personnels de la police nationale. Mais, à la suite de grandes grèves, la CGT allait éclater entraînant la fin de cette fédération. Le 19 février 1948, René Brieude va créer avec 21 autres hommes, le syndicat National Indépendant et Professionnel des CRS (le SNIP CRS), le premier exemplaire du journal du SNIP naîtra le 1er janvier 1949 sous le nom de « l'écho du policier ».

Avec le « vac'anas », que mon collègue quinquagénaire feuillette pour la première fois de sa carrière pourtant déjà bien remplie, est joint le dernier journal d'information de l'Anas parut pour le premier trimestre 2022. Le titre est écrit en gros sur fond rouge : « FACE À LA DÉTRESSE ET AUX SUICIDES DES NÔTRES ŒUVRONS IMMÉDIATEMENT » et l'éditorial du Président National, Yves Lefebvre, vient souligner le caractère d'urgence du malaise des policiers...

Des mots sur du papier glacé, en attendant je souris car je ne peux m'empêcher de trouver cela étonnant que « l'écho du policier » soit aujourd'hui devenu le magazine de l'Anas. Y aurait-il un lien étroit entre le SNIP CRS et l'ANAS ? Oui et je vais vous l'expliquer. Ce lien subsisterait-il aujourd'hui ? Oui et je vais vous le démontrer mais pour cela, revenons à l'historique...

Le 28 avril 1949, René Brieude, après avoir écrit un article « mes chers camarades », jetant les premières bases de l'ANAS où il rappelle l'indispensable unité du personnel, s'attelle à vouloir créer une caisse d'entraide pour secourir tous les cas qui ne seraient pas prévus par la Sécurité Sociale (crée en 1945). Ainsi naît l'« Association Nationale d'action sociale des CRS » qui deviendra plus tard l'« Association Nationale d'Action Sociale des personnels de la police Nationale et du Ministère de l'Intérieur », celle que nous connaissons aujourd'hui.

L'association sera ensuite reconnue d'utilité publique en 1977 et se verra attribuer avec deux autres organismes, la Fondation Jean Moulin (FJM) et l'Association pour l'aide au handicap du Ministère de l'Intérieur (AHMI), la gestion des prestations d'action sociale des agents du ministère de l'Intérieur par arrêté ministériel du 22 juin 2009.

D'ailleurs, à ce titre, elle perçoit une subvention nationale du Ministère de l'Intérieur qui était de près de 1 390 000 euros en 2019, correspondant essentiellement aux salaires des nombreux agents mis à disposition de l'Association. Pour information, en 2014, cette subvention était de 2 915 949 euros pour 41 agents mis à disposition, alors qu'ils n'étaient que 27 en 2012, soit une augmentation de prés de 41 % entre 2012 et 2014.

Un rapport rendu par l'Inspection Générale de l'Administration en avril 2015 démontre que l'Anas est fortement dépendante du soutien du Ministère de l'Intérieur à hauteur de 23 % si l'on considère le ratio de dépendance / subventions publiques selon l'analyse financière de la cellule d'audit comptable.

Ce même rapport met en annexe l'analyse financière des comptes de 2013 de l'association par la cellule ministérielle d'audit comptable et budgétaire. Dans cette dernière, il est indiqué dans la conclusion que l'association est financièrement stable du fait du soutien non négligeable du ministère.

Ainsi, le ministère est en droit d'attendre de cette association qu'elle soit accessible à tous ses agents sans distinction aucune, et pourtant les choses ne semblent pas aussi claires et nous sommes légitimement en droit de nous interroger à ce sujet. Il est aisé de constater que les dirigeants de l'ANAS sont tous ou presque issus du même syndicat. Une fois encore, nous sommes en droit de nous interroger sur l'impartialité de ces gens-là lorsqu'ils seront sollicités par des agents en détresse ou en demande. Peuvent-ils mettre de côté leur appartenance syndicale pour répondre à tous les collègues ? Pour répondre à cela, reprenons l'histoire...

Nous en étions au SNIP CRS et à la création de l'ANAS, mais posons-nous la question de savoir ce qu'est devenu le SNIP CRS et vous allez alors comprendre pourquoi l'Anas est historiquement et étroitement liée encore aujourd'hui à ce syndicat.

Le SNIP CRS intègre en 1969 la Fédération Autonome des Syndicats de Police (la FASP) regroupant de nombreux syndicats policiers tous corps et grades confondus, du gardien de la paix au commissaire de police en passant par la police technique et scientifique. Joaquin Masanet devient secrétaire Général du SNIP en 1980.

C'est en 1997 que la FASP est dissoute et que l'Unsa Police est créée avec comme secrétaire général le même Joaquin Masanet. Il va occuper ce poste jusqu'en 2008.

En 2009, une partie des membres de l'UNSA Police démissionne de la confédération de l'Union Nationale des Syndicats Autonomes, craignant un rapprochement avec la confédération CFE CGC abritant Alliance Police Nationale et crée en avril 2009 Unité Police.

La même année, Joaquin Masanet, qui avait passé le relais de secrétaire général d'unité police en 2008, devient Président National de l'Anas, poste qu'il occupera jusqu'en 2015.

Ainsi, le lien entre le syndicat et l'Anas perdurait et le lien entre le Snip CRS et unité SGP police également, tant est si bien que si vous recherchez simplement sur internet à partir de n'importe lequel des moteurs de recherche, par curiosité, l'adresse du SNIP CRS (qui n'existe officiellement plus) et celle d'Unité SGP Police, vous obtiendrez une adresse commune : le 163 avenue de Gallieni 93177 Bagnolet.

Il est à noter que jusqu'en 1997, il n'y avait qu'un seul bulletin d'adhésion pour les deux entités SNIP CRS et ANAS. L'Anas avait alors été contrainte de créer son propre bulletin d'adhésion car il était alors évident que la structure ne pouvait être l'association d'un seul syndicat.

Par ailleurs, en 2007, la CNIL condamne l'association et lui demande de retirer de ses bulletins d'adhésion les mentions d'appartenance Syndicale. Effectivement, jusqu'à cette date, l'appartenance syndicale devait être mentionnée sur les bulletins d'adhésion de l'Anas… nous pouvons encore une fois nous demander pourquoi il était important, pour une association vouée à l'aide de TOUS les personnels du ministère de l'Intérieur, de connaître l'appartenance syndicale du collègue demandeur. Quel en était l'intérêt ? À moins que…

Alors maintenant, est-ce que cela vous étonnerait si je vous apprenais que le nouveau Président National de l'Anas n'est autre que l'ancien secrétaire général d'Unité Sgp Police… ?

Je devine vos sourires et je sais que vous n'êtes pas surpris car finalement l'histoire semble se répéter et vous commencez à comprendre le principe.

Lors de la dernière Assemblée Générale de l'Anas qui s'est tenue au mois de juin 2021, Yves Lefebvre, ancien secrétaire Général du syndicat Unité Sgp Police, a été élu Président National de l'Anas par les membres du Conseil d'Administration National, après seulement cinq années d'adhésion à cette association. Les autres membres étaient eux aussi nouvellement élus ou reconduits dans leurs fonctions. Il est assez curieux de constater que ce nouveau président National semble découvrir l'association et son action après plus de quarante années passées au sein de l'institution sans y avoir jamais adhéré. La philosophie de la structure associative est bien déterminée et son slogan « Fraternité et Solidarité » est bien affiché comme un devoir de tout adhérent et évidemment de ses dirigeants. On peut s'étonner que monsieur Lefebvre ait vu la lumière un jour de février 2016 en prenant son premier bulletin d'adhésion et en embrassant subitement les valeurs prônées par l'ANAS. Curieusement, alors que cette association ne l'intéressait pas jusqu'ici, et voyant qu'il allait mettre fin à sa carrière syndicale, il a subitement adhéré aux valeurs qu'il avait sans doute occultées durant toutes ces années.

Il m'apparaît important de préciser que l'association est organisée autour d'un conseil d'administration National qui élit son bureau national parmi ces derniers. Aux nombres de 24, les administrateurs Nationaux sont eux-mêmes élus par les représentants des départements lors d'une assemblée générale élective (tous les quatre ans).

Ainsi, lors de cette assemblée générale, nous pouvons simplement constater que sur les 24 membres du Conseil d'Administration Nationale, 23 sont adhérents Unité SGP Police et ont ou ont eu des responsabilités syndicales au sein de ce syndicat, et parfois même des responsabilités importantes.

Nous pouvons également nous interroger car bien que Yves Lefebvre ait quitté son mandat syndical pour ensuite être élu Président National de l'ANAS, il s'est tout de même présenté à sa propre réélection au poste de Secrétaire de la FSMI FO (fédération de syndicats du ministère de l'Intérieur Force Ouvrière), poste sur lequel il s'est fait réélire en décembre 2020. Ladite fédération abrite essentiellement le syndicat Unité SGP Police.

D'ailleurs, si vous tentez de joindre Monsieur Lefebvre sur son portable, l'annonce de sa messagerie vocale précise bien ses deux mandats... Mélange des genres, direz-vous ? Non car finalement personne ne trouve cela dérangeant que Yves Lefebvre ait ces deux casquettes, anasienne et syndicale.

Nous pouvons également nous étonner que le Trésorier de cette confédération FSMI FO, Daniel Fortain, a également était élu au Conseil d'Administration National de l'ANAS en juin 2021 et a intégré le bureau national avec le poste de Vice Président National de l'Anas. Ainsi le binôme Lefebvre – Fortain (secrétaire générale FSMI FO et Trésorier National FSMI FO) est décliné également au bureau national de l'ANAS (Président national et Vice Président national).

Nous nous interrogeons encore sur le cumul de ces fonctions et sur une éventuelle connivence entre les deux entités qui pourrait, si bien évidemment elle était avérée, altérer le service rendu aux policiers en détresse psychologique et au bord du suicide, et fausser quelque peu le jugement du bureau national lors d'attribution de soins ou de loisirs aux policiers demandeurs. Les prestations seraient-elles réservées aux seuls porteurs de la bonne carte ?

L'idéologie syndicale est très présente dans le milieu policier et nous en connaissons parfaitement les arcanes comme leur fonctionnement souvent plus proche de la politique que du syndicalisme. Il nous semble difficile de ne pas avoir de dérives et de manquements au devoir de neutralité lorsque le président national, le bureau national et 95 % des membres du Conseil d'administration national appartiennent au même syndicat de policier, le fameux Unité SGP Police !

Seul un membre du bureau national semble avoir survécu à la déferlante, il appartient quant à lui au syndicat Unsa Police.

Nous n'avons jamais eu connaissance qu'un simple délégué anasien appartenait au syndicat concurrent

Alliance Police Nationale et cela malgré nos recherches et nos sollicitations auprès de nombreux collègues impliqués dans le secteur du social policier. Il n'en existe qu'un seul, le délégué départemental de l'Isère, qui est actuellement adhérent Alliance Police Nationale. Nous devons ce cas unique au seul fait qu'il était, au moment de désigner le délégué départemental anas de l'Isère, au Bureau Département 38 pour Unité SGP Police et qu'il avait été élu sous cette étiquette syndicale, il a ensuite rejoint les rangs du syndicat Alliance durant son mandat anasien, et il est donc fort probable qu'aux prochaines élections du bureau départemental ANAS de l'Isère, son mandat ne soit pas reconduit...

Fort de ce constat, il devenait légitime de rechercher des renseignements pouvant confirmer nos doutes sur la neutralité et l'objectivité de l'Anas face au malaise des policiers. Il nous fallait encore comprendre le mode d'attribution des services, notamment en ce qui concerne les places dans les centres de vacances, car l'obtention d'un tel sésame peut améliorer considérablement l'état de santé d'un collègue en détresse psychologique.

Nous avons donc interrogé une ancienne membre de cette commission, qui préfère garder l'anonymat, et ce qu'elle nous a rapporté est édifiant. En effet, elle a affirmé que systématiquement le fichier des adhérents au syndicat Unité SGP police était consulté pour valider l'attribution des semaines de vacances et notamment sur l'un des sites les plus prisés de l'association, celui des « sirènes » situé à Hyères les Palmiers dans le Var. L'appartenance au syndicat Unité SGP Police devenait le seul et unique critère de sélection pour espérer pouvoir passer ses vacances au soleil et en bord de mer, laissant aux autres policiers non syndiqués ou adhérent à une autre organisation les places vacantes dans des sites moins prisés voire sans aucune place pour amener sa famille se reposer.

Mais il y a pire encore lorsque l'on évoque l'octroi de sommes d'argent aux fonctionnaires en grandes difficultés dans le cadre du « service secours ». Ce service a pour vocation de porter financièrement assistance aux policiers rencontrant de grosses difficultés personnelles. Un ancien membre de la commission de contrôle financier, qui se réunit une fois par an, nous a confirmé que les dossiers des personnels sollicitant lesdits prêts et dons étaient examinés à la loupe en excluant systématiquement les non-adhérents au syndicat Unité SGP Police. Ainsi, une grande partie des agents en position difficile se trouvent face à un dilemme et seraient contraints, s'ils souhaitent voir leurs demandes prises en considération, d'adhérer au fameux syndicat. Manœuvres et méthodes diamétralement opposées à la philosophie d'aide et d'assistance aux policiers en détresse psychologique. Il est encore à noter que l'ANAS demeure aujourd'hui une structure bénéficiant de sommes d'argent public grassement allouées par le ministère de l'Intérieur, alors que ce dernier semble rester sourd et aveugle devant ces dérives plus que supposées.

Alors cette association, ayant vocation de répondre aux attentes de tous les collègues du ministère de l'Intérieur, ferait-elle du favoritisme et n'est-elle pas au service d'un syndicat afin d'apporter des offres uniquement ou essentiellement à ses adhérents ? Comment peut-on objectivement justifier la présence aux côtés du catalogue Vac-Anas d'un journal né d'un syndicat étroitement lié au syndicat Unité SGP Police ? Comment ne pas nous interroger lorsque la plupart des congrès de ce syndicat se tiennent dans les centres de vacances de l'ANAS ? Pour preuve, le congrés de 2012 qui revêtait une importance particulière puisqu'il venait sceller la fusion d'Unité police et du SGP, s'était alors tenu sur le centre de vacances de Gujean-Mestras (33). Et aujourd'hui encore ce centre accueille des réunions de délégués de ce syndicat comme au cours de ce mois de mars 2022 pour les délégués syndicaux de la région Sud-ouest.

Voilà donc pourquoi un bon nombre de collègues ne connaissent pas cette association pourtant dévolue à la lutte contre le mal-être des policiers. L'accès aux informations et aux services que peut proposer l'Anas semble se faire exclusivement en contre-partie d'un ralliement et d'une adhésion à Unité Sgp Police !

Au cours de mon mandat au conseil d'administration National, j'ai été témoin de bien des choses et notamment de cette dérive sectaire, surtout lors des périodes d'élections des représentants départementaux de l'Anas qui cumulent très régulièrement avec la casquette de secrétaire départemental d'Unité SGP police. J'ai régulièrement constaté que les membres des bureaux départementaux ANAS étaient constitués pour la quasi-totalité d'adhérents à ce syndicat et je n'ai jamais eu l'occasion de « croiser » au cours de mes nombreux déplacements en tant que Vice-Présidente de l'association dans les différentes Assemblées Départementales un membre de ces bureaux qui serait adhérent Alliance Police Nationale, cela n'est jamais arrivé et cela n'arrivera jamais ;

Dans le « Vac'Anas » du deuxième trimestre 2022, prenant conscience que l'association n'est pas connue de tous les fonctionnaires de police, le secrétaire Général propose d'accentuer la présentation de l'association au sein des Écoles de Police. Nous avons alors contacté des responsables de la plus grande École de Police de France située à Nîmes (30). Là encore, il nous a été confirmé que l'association avait été présentée à la dernière promotion d'Élèves Gardiens de la Paix, qui termine son parcours le mois prochain, par le délégué Unité SGP Police lequel est détaché à plein temps au sein de cette école en tant que délégué syndical, donc identifié par les élèves durant leur année de scolarité comme l'unique représentant du syndicat Unité SGP police. Cette présentation a été effectuée pour la 263e promotion de Gardiens de la Paix (500 élèves). Nous pouvons alors nous interroger sur le message passé à ces élèves : durant une année, ils ont identifié le délégué Unité SGP Police et ils sont face à cette même personne qui leur présente ensuite l'association ANAS, le lien s'établit de lui-même.

Je me suis régulièrement confrontée à ce que je qualifie de totalement contraire à l'essence même de l'association, mais la machine bien huilée n'avait que faire de la petite naïve qui lui demandait de stopper cette course, elle poursuivait, et poursuit encore, dans cette direction.

Les offres et les réponses sont orientées clairement vers une certaine partie des policiers marqués par une appartenance syndicale jugée convenable par les autorités de l'ANAS. En clair il semble que la structure dite sociale favorise ouvertement les fonctionnaires encartés au syndicat Unité SGP Police. Cette tendance est connue de tous, mais passée sous silence, et notamment de celles et ceux éconduits dans leurs demandes, recherches et attentes.

Bien évidemment, être adhérent d'un syndicat autre que Unité SGP Police, classé à gauche, relève donc de l'ineptie pour espérer que sa demande soit prise en considération par le bureau central de l'ANAS. Certains membres des instances syndicales d'Alliance police nationale, classé à droite, attendent en vain que l'action sociale prônée par cette association leur soit favorable.

Ce qui est plutôt marquant, c'est que ce que nous dénonçons là est connu de tous les policiers et donc nous ne doutons pas que le ministère de l'Intérieur en ait été avisé ou tout au moins que quelques détails lui aient été communiqués. Alors pourquoi laisser ce favoritisme se développer aux frais de l'état et du contribuable ? Pourquoi ne pas donner un coup de pied dans cette fourmilière puisque c'est bien le ministère de l'Intérieur qui alloue de fortes sommes d'argent public à cette structure afin qu'elle pallie ses propres défaillances ?

Existe-t-il encore des accointances entre les arcanes du ministère et celles de l'ANAS ? Des problématiques électorales, de petites combines entre amis, ou un simple et lamentable laxisme institué pour ne pas voir la forêt se dissimulant derrière un seul arbre ?

Je dois avouer qu'en l'état actuel des choses nous l'ignorons et ne sommes pas en mesure d'apporter de réponse formelle car l'opacité de ce que nous affirmons est telle qu'il nous faudrait d'énormes projecteurs antibrouillards pour avancer dans cette lande de terre marécageuse et recouverte d'une purée de pois bien trop épaisse.

Si hier l'ANAS était dans le trio des organismes s'étant vu attribuer la gestion des prestations d'actions sociales, aujourd'hui les choses ont changé et d'autres associations sont venues rivaliser avec elle sans bénéficier à ce jour d'autant de considération et surtout de subventions de la part du ministère de l'Intérieur. Bien évidemment les néo-associations luttant contre la vague de suicides ne gèrent pas le même parc immobilier et ne sont pas en capacité de proposer autant de services et d'aides aux flics en difficulté – ou seulement en attente d'un logement social ou de vacances dans un centre géré par ladite structure –, mais elles sont actives et parviennent aujourd'hui à se faire entendre au plus haut sommet de l'état notamment dans le domaine du suicide. Elles ne bénéficient pas non plus d'autant de personnels actifs détachés sur des postes de gestion, postes bien trop souvent inutiles et sur lesquels les fonctionnaires sont souvent payés à ne rien faire. À ce propos, la Cour des comptes lors de son audit de 2015 effectué dans les locaux mêmes de l'Anas, dénoncera à plusieurs reprises les postes « fantômes » attribués à certains agents du ministère de l'Intérieur mis à disposition de l'Anas. À ce moment-là, l'association disposait de 43 fonctionnaires en détachement.

L'Anas sera ensuite contrainte par l'administration de remettre en service manu militari 15 policiers mis à disposition au cours de l'année 2016 pour arriver in fine au nombre de 16 détachés.

Lors de son rapport en avril 2015, l'Inspection Générale de l'Administration constatait l'absence avérée de dialogue de gestion avec l'Anas alors que la première convention avec cette dernière date de 2003. Cette absence de dialogue de gestion prive de fait l'administration de son droit de regard légitime au vu des subventions allouées. L'IGA s'étonne par ailleurs du fait de l'absence de tout représentant de l'administration au conseil d'administration de l'association ce qui prive le ministère d'information et de capacité d'orientation. Et pourtant rien se semble changer…

Alors, contrairement au titre de « l'écho du Policier » de ce premier trimestre 2022, le phénomène des suicides comme le mal-être des policiers ne semblent pas avoir la même portée pour les membres dirigeants de l'ANAS et pour nous.

Le phénomène des suicides chez les policiers est pour nous une problématique majeure et particulièrement en ce début d'année, nous pensions que ce sujet n'avait pas de frontière, qu'il était universel et s'affranchissait des carcans d'appartenance à tel ou tel syndicat.

Nous nous interrogeons fortement sur les véritables orientations de cette association comme sur ses dérives au détriment bien évidemment des policiers en souffrance.

La police est malade mais le médecin ANAS sélectionne ses patients parmi les policiers pour leur apporter aide et assistance. Selon que vous serez...

Triste et pathétique constat alors que nos flics tombent comme des mouches.

TROISIÈME PARTIE

LE DÉNOUEMENT

IMMUNITÉ SUPPOSÉE

Nous nous sommes toujours intéressés aux affaires de harcèlement dévoilées par voie de presse au grand public ou ayant motivé une procédure pénale ou administrative à l'encontre de chefs de service. Celles que nous avons pu mettre en évidence se sont toutes soldées par des relaxes ou par des mises au placard temporaires avant une résurgence et une nouvelle affectation. Il était dès lors intéressant de chercher à comprendre comment ces affaires avaient émergé, comment et pourquoi les plaignants avaient jugé bon de devoir traîner leur chef de service devant la justice à la suite d'un harcèlement ou d'un mauvais management. N'était-ce pas qu'une vue de l'esprit ou est-ce que des fonctionnaires avaient été réellement victimes d'un management abject pouvant les pousser à se suicider ?

La question demeure délicate à poser et bien entendu il devient extrêmement compliqué d'y répondre. Si des décisions de justice ont été rendues, il ne nous appartient pas de les remettre en cause. Néanmoins, nous avons pu entendre ceux qui avaient été confrontés à un management inhumain et à une pression de la part d'un chef de service. Ce que nous avons été amenés à entendre est parfois surprenant puisque à chaque fois les témoignages sont apparus cohérents et corroboraient ce que nous avions pu vivre et entendre ailleurs, dans d'autres commissariats. Ce qui était mis en évidence était la responsabilité des chefs de service et les méthodes de management appliquées pour parvenir à éliminer les éléments jugés perturbateurs. Très vite, nous comprenions que la seule chose que ces derniers perturbaient était le despotisme des chefs de service, voire même leur arrogance.

Il nous a fallu fouiller dans les articles de presse et questionner les organisations syndicales afin de mettre en exergue quelques affaires de harcèlement moral. Il nous a fallu encore être patients pour en obtenir les détails car il est évident qu'aborder ce thème reste, pour des organisations syndicales, un tabou difficile à briser tant le risque encouru est important même si les syndicats sollicités représentaient le corps de maîtrise et d'application (gardiens de la paix), la strate la plus concernée par le harcèlement, alors que les harceleurs appartiennent pour la plupart au corps de conception et de direction (Commissaires).

Parmi ces affaires, deux ont retenu notre attention car elles sont représentatives de ce que nous nommons « immunité supposée » de ces chefs de service. Loin de nous l'idée de contester une décision de justice ou de l'administration mais il nous est apparu important de nous pencher sur ces deux faits ayant marqué l'institution, faits si significatifs qu'ils démontrent l'absence de sanction contre ceux qui mettent en place un management abject.

Ce qui interpelle, c'est le mécanisme et la procédure qui peuvent, de prime abord, laisser penser qu'il existe une vraie justice et que le petit personnel va être défendu contre le puissant harceleur. Mais très vite, et à la lecture des attendus d'une cour ou des notes de services administratives, nous déplorons une absence de reconnaissance, une cécité associée à une surdité de l'administration centrale, et une formidable impuissance à sanctionner ceux qui auraient usé et abusé de leur autorité. Mais ce qui est encore plus flagrant c'est une désapprobation totale envers les plaignants se retrouvant de fait déboutés de toute demande de reconnaissance de leur statut de victime et, de fait, de toute demande d'indemnisation.

La première de ces affaires est celle du commissaire Céméli qui exerçait à Aix-en-Provence. En mars 2021 il était jugé pour des faits de harcèlement moral sur l'une de ses secrétaires ainsi que sur un policier actif, un moniteur de tir.

Ce sont leurs plaintes qui avaient déclenché une enquête de l'Inspection Générale de la Police Nationale (IGPN). À l'issue des investigations conduites par ces services le commissaire était renvoyé devant la justice.

En première instance il était condamné et madame la Présidente du tribunal de Marseille n'y allait pas de main morte, elle déclarait :

« *Certes, vous êtes arrivés au commissariat d'Aix dans un contexte de tension et avec un motif légitime d'amélioration de la performance, mais vous avez utilisé un management autoritaire et parfois brutal qui a eu des conséquences néfastes sur les effectifs* ».

C'est ainsi que la présidente Attali a justifié le délibéré du tribunal correctionnel de Marseille à l'encontre d'André Céméli, condamné pour harcèlement moral à 6 mois de prison avec sursis et à une interdiction d'exercer toute fonction publique pendant 6 mois.

Si pour la secrétaire le tribunal a jugé que « *les éléments sont insuffisants* » pour caractériser un harcèlement moral, pour le second, qui avait notamment été écarté de ses fonctions, les juges ont estimé que le commissaire Céméli avait commis « *un abus grave de sa position hiérarchique entraînant une dégradation des conditions de travail du fonctionnaire concerné ainsi qu'une atteinte à sa dignité* », et que cette décision avait amené à son « *anéantissement professionnel* » *(Source Presse)*. Monsieur Céméli était condamné à verser sept mille euros de dommages et intérêts à la partie civile.

Le conseil du commissaire avait interjeté appel et avait obtenu un effet suspensif sur la condamnation.

C'est donc en deuxième instance, un an après, que le même commissaire était totalement relaxé de toutes les accusations.

Ce qui est intéressant c'est bien de tenter de comprendre comment on peut passer du statut de coupable à celui d'innocent en une seule année et sans qu'il y ait eu visiblement d'éléments nouveaux pouvant anéantir les arguments du moniteur de tir et donc les investigations de l'IGPN. Les attendus de la présidente du tribunal de Marseille, en première instance, sont implacables et désignent le commissaire comme un harceleur notoire et mettant en avant ses méthodes de management comme étant pour le moins inadaptées. Douze mois après l'affaire se dégonfle et la montagne n'accouche même pas d'une souris.

À la lecture des articles de presse, nous ne mettons pas en doute le professionnalisme des juges ni l'innocence du commissaire Céméli puisque cette dernière a été reconnue par un tribunal, mais nous nous interrogeons sur la difficulté, pour des fonctionnaires de police de la base, de faire admettre qu'ils peuvent en effet être les vraies victimes de commissaires harceleurs. Lorsque l'on connaît le fonctionnement de l'institution police, on n'ignore pas les difficultés rencontrées par la base pour être entendue et notamment pour des faits de harcèlement ou de management inhumain. Mais cela devient de plus en plus difficile lorsque des tribunaux rendent de telles décisions sans les justifier, sans réellement les étayer. Mais une décision de justice ne se discute pas…

La seconde affaire que nous voulons évoquer est celle de madame la commissaire Marie-Josèphe Mazel qui, en février 2021, est débarquée pour un management tyrannique et pour des humiliations sur ses subalternes alors qu'elle occupait le poste de Directrice Zonale des CRS du sud de la France (Source Presse). Cette commissaire avait précédemment occupé un autre poste dans le Vaucluse, à Avignon, comme Directrice Départementale de la Sécurité Publique. C'est à cette époque que le syndicat Synergie Officiers avait dénoncé un management désastreux, pourtant la commissaire divisionnaire avait été promue contrôleuse générale par la suite.

Après son départ de la direction zonale des CRS, madame Mazel ne fut jamais traduite devant un tribunal bien que les faits la mettant en cause semblaient avérés et qu'elle avait appliqué ses méthodes durant quelques années. Une fois encore, cette affaire démontre l'incapacité de l'administration centrale à s'emparer du problème de management et à sanctionner, comme il se doit et pénalement si nécessaire, ses hauts fonctionnaires.

Certes madame Mazel a quitté son poste mais pour rejoindre une autre affectation ou un placard doré où elle percevra encore son salaire sans exercer vraiment son métier.

Face à ces affaires-là, ce sont les policiers de terrain qui se meurent en silence. Chaque jour, ils souffrent de ne pouvoir porter devant les tribunaux les comportements inacceptables de cette hiérarchie…

COUP DE GUEULE

I

Dimanche 27 février 2022, 4 heures…

Je ne parviens pas à trouver le sommeil, je tourne et retourne dans ce grand lit en emportant parfois une grande partie de la couette qui recouvre celle que j'ai peur de perdre, celle qui détient aussi une arme de service et qui chaque jour se rend dans un commissariat. Je tourne encore mais mes yeux restent grands ouverts sans trouver ce satané marchand de sable de mon enfance, sans parvenir à trouver le repos.

Alors, je quitte mon lit et écoutant le souffle lent et régulier de cette jeune femme, ce flic qu'elle est aussi. Je quitte mon lit pour me rendre auprès de celui que je ne lâche pas depuis quelques semaines, mon ordinateur. Lentement, je prends place à la table du salon, aucun bruit ne vient parasiter le lourd silence s'étant installé dans cette résidence du centre-ville. Sur le parking dorment nos voitures, un scooter démuni de tuyau d'échappement vient subitement fracasser cette paix. J'ai mal à la tête, mal dans tout mon corps comme si la veille au soir j'avais ingurgité abondamment une quantité considérable d'alcool alors que je ne bois pas.

Une fois encore, c'est par les réseaux sociaux que je l'ai appris. Sans vraiment y croire j'ai lu cet article détaillant la lettre transmise à son frère puis la fuite vers un ailleurs lointain et enfin la libération, d'une balle dans la tête, pour ce flic de trente ans. Il est le seizième depuis le début de l'année...

J'ai soudainement envie de hurler, de me lever de ma chaise et de frapper les murs jusqu'à m'éclater les poings à les voir saigner. De mon sang, je souillerais les murs immaculés puis je me laisserais tomber sur le carrelage froid pour que sorte ma colère. Je hurlerais jusqu'à ne plus pouvoir, je pleurerais jusqu'à ce que mon corps soit complètement déshydraté. J'ai mal, atrocement mal, et je suis impuissant. Ce matin, je trouve même notre travail ridicule, grotesque et désuet. Je pense à ce jeune flic et à ses proches, je pense à une sonnerie de téléphone en pleine nuit et à des litres de larmes et je ne parviens pas à trouver de réponses, encore moins de solutions à ce phénomène.

Ce matin, j'ai envie tout simplement de crier ma colère à toute cette chaîne hiérarchique faisant fi de ces flics et de cette police qui va de Charybde en Scylla. Mais aujourd'hui ce ne sont pas ces monstres mythologiques qui dévorent notre institution mais bien eux, eux les responsables de cette hécatombe.

Mais qui sont-ils vraiment, pourquoi aucun d'eux ne peut être formellement identifié et mis en cause, pourquoi échappent-ils sans cesse au jugement, aux foudres de notre justice et aux regards accusateurs de toutes les familles endeuillées ?

La réponse est là, elle est tout juste là à portée de main et pourtant personne ne souhaite la dire, pour ne pas saborder tout un système bien huilé, savamment rôdé pour que son fonctionnement puisse décharger celui-ci et celle-là de ses responsabilités. Le système est d'abord fait pour défendre le système. Il est fait de tous et de personne à la fois. Il est pleutre, sournois et n'assume jamais ce qu'il fait et ce qu'il engendre. Il reste tapi là pour surgir et mordre le cou jusqu'à la mort totale de ses proies. C'est un système fait de femmes et d'hommes répondant à des directives, des stratégies et des orientations politiques laissant sur le bord du chemin toute une peuplade paumée, égarée sans pouvoir apercevoir une lueur indiquant la bonne route à prendre pour sortir enfin de ce sentier en friche. Alors que nous venons de comprendre que c'est le système qui tue, il nous faut admettre que ce système est fait par et pour les hommes mais celui-ci n'est pas fait pour les flics de terrain, les policiers de la base. C'est un procédé simple de déresponsabilisation qui met chaque pion hors d'atteinte de tout reproche, de toute procédure et de toute responsabilité. Pourtant, ce pion est bien sur l'échiquier, il y occupe une place de choix mais il se positionne toujours hors d'atteinte des coups et des propos outranciers des quelques flicaillons plaçant leur arme dans leur bouche, hors de portée des doigts pointés et de la honte d'avoir fait ou dit.

Ah quelle belle place que celle-ci, quelle satisfaction de pouvoir décider sans assumer, quelle belle opportunité d'orienter sans assurer !

Mais j'ai bien la gueule de bois et je ne peux raisonner convenablement, alors je vais chercher au plus profond de mes souvenirs pour voir leurs visages, mais mes yeux sont embrumés, comme si soudainement j'étais frappé de cécité. Leurs faces sont floues et leurs voix sont inaudibles mais pourtant je sais qu'ils sont là, juste devant moi. Je les connais si bien, je les ai tant côtoyés, j'ai tellement assisté à leurs spectacles glauques lors des obsèques de flics suicidés. Des sourires et des simagrées grotesques, des fleurs et de la musique stupides et ô combien dérisoires.

Je les connais si bien ces responsables, et pourtant ils n'ont pas de nom pouvant nous permettre d'aller les chercher dès potron-minet en fracturant au bélier leur porte d'entrée et les surprendre au saut du lit les yeux pleins de sommeil. Je ne peux les nommer tous car ils sont si nombreux, je ne peux dire où ils exercent puisqu'ils sont partout.

Je viens de me relever, le carrelage froid commençait à engourdir mes jambes rendues molles par désespoir. Je reprends place devant mon ordinateur pour hurler en silence comme le disait Marguerite Duras, comme nous le faisons depuis plusieurs semaines à travers cet ouvrage.

Je suis las, épuisé de compter en spectateur passif cette longue liste de flics se donnant la mort. Je ne vois rien se faire, rien se décider. Je ne vois que leur corps étendu sur un drap blanc pour être autopsié et afin que l'on trouve une légitimité à cet acte désespéré, une autre raison que celle uniquement engendrée par le travail, par ce boulot devenu bien trop difficile à exercer.

Il sera mort d'avoir été quitté par sa compagne... Elle se sera fait sauter la tête parce qu'elle était trop endettée...

Pas une fois ils ne seront comptabilisés comme les victimes d'un système policier, comme les victimes de toute une chaîne inhumaine de chefaillons incapables d'écraser une larme même feinte. Leurs yeux sont secs comme leur âme qu'ils ont vendue à ce diable nommé administration centrale et que jamais ils ne recouvreront.

Nous sommes sur le point de terminer notre travail comme nos recherches et de mettre un terme à nos rencontres avec ces flics si cabossés qu'une simple et légère chiquenaude suffirait à les faire basculer vers ce côté sombre d'où l'on ne revient jamais. Ces échanges ont tous été constructifs, intéressants et souvent émouvants, ils vont tous dans le même sens et placent toujours la hiérarchie au centre du problème et n'hésitent pas à la désigner comme responsable de ce qu'ils vivent. Les entendre a été une chance, les écouter un vrai bonheur car souvent nous avons retrouvé dans leurs yeux une étincelle tentant de ressurgir, une faible lueur sans énergie mais à laquelle il n'aurait fallu qu'un léger souffle d'air pour être rallumée et redevenir le grand feu ayant motivé leur recrutement. Ils sont désabusés et démolis, ils sont désemparés.

Nous aussi nous sommes fatigués mais il nous appartient de dire ce que nous avons connu, d'écrire ce que nous savons pour essayer de devenir ceux qui attiseront la flammèche scintillant dans le fond de leurs yeux. Surtout, nous espérons faire réagir cette chose flasque et inhumaine qu'est l'administration et tous ceux qui la composent. Notre espoir est grand, immense même car nous ne supportons plus cette litanie qui se rallonge chaque jour et nous croyons qu'un jour elle se terminera. Mais pour cela il faut beaucoup d'ambition et de courage de la part de tous ceux que je viens de titiller pour les faire sortir du bois et les voir assumer leur mauvaise gestion d'une police à laquelle ils ont eux-mêmes inoculé la maladie du suicide. Car l'institution est bien malade et ce sont plusieurs virus qui l'ont contaminée. Pour la soigner, il existe de nombreux remèdes contenus non pas dans des élixirs mais dans une direction politique à l'opposé de celle conduite aujourd'hui.

Les causes, nous les avons énoncées, des propositions, nous en avons faites et elles sont tirées directement des témoignages des policiers que nous avons rencontrés. Nous ne prétendons nullement détenir LA solution et

LA réponse au phénomène des suicides dans la police mais nous sommes convaincus que nos propositions peuvent contribuer à son règlement.

Aujourd'hui, Laure reste à l'écoute de ses collègues et ne manque jamais de s'attarder sur le cas de l'un ou de l'autre. Elle ressort éprouvée par l'écriture de ce livre mais elle sait aussi que cela lui a donné encore plus de courage pour poursuivre ce combat. Demain, elle ira dans son commissariat comme chaque jour, elle glissera son pistolet dans son étui avant de l'accrocher à sa ceinture puis elle poursuivra sa mission avec passion et abnégation comme le font la plupart des policiers de notre pays. Elle sera fière de porter l'uniforme comme elle reste fière d'avoir écrit cet ouvrage...

Du fond de mes calanques, j'entends encore trop souvent les cris de ces policiers en souffrance. Chaque matin, je marche pour penser à autre chose et pour tenter d'oublier ce qui m'a marqué à vie. J'ai fait ce métier avec passion et je ne peux me résigner à voir tomber tant de collègues sous leurs propres balles. Mes chaussures de randonnée frappent le sol argileux dans lequel mon bâton vient se planter et je poursuis ma route comme un retraité en recherche de je ne sais quoi. J'ignore tant de choses encore. La seule chose que je sais, c'est que je resterai fier d'avoir été policier...

ML

COUP DE GUEULE

II

Lundi 7 mars 2022, il est presque 8 h 00 mais déjà la file de véhicules devant moi ne me laisse aucun espoir, j'arriverai avec quelques minutes de retard. Mais ce matin, j'ai bien autre chose en tête. Ce matin, je pense à l'un des nôtres ayant décidé de sauter du viaduc de Millau en pleine nuit ce samedi 5 mars, une chute d'environ trois cents mètres... L'image que me renvoie cette information me glace le sang, et aujourd'hui, quoi que je fasse, mon sang est froid, je ne ressens rien d'autre que du froid en moi, comme celui qui a envahi le corps de ce collègue au moment où il a choisi de faire un pas en avant irréversible, 300 mètres et autant de désespoir. Il est le 17ᵉ, il était à peine âgé de 33 ans, et il vient allonger cette longue liste. Je ne le supporte plus. Je n'arrive plus à tenir la distance ni le rythme, mes jambes sont devenues bien trop lourdes et mon corps est mort à l'intérieur. Les nœuds au fond de mes entrailles ne se détendent pas.

Je stationne ma voiture, je sais que pas un n'évoquera le sujet aujourd'hui. Cela fait quelque temps que nous n'en parlons plus entre nous, comme si c'était devenu banal, ou pire comme si l'individualisme s'était profondément installé parmi nous. Je préfère tout de même penser que ce silence peut être aussi par crainte de souligner un profond malaise, par peur de soulever une problématique que nous avons tentée de pointer ici, dans cet ouvrage. Mais je crains hélas que cet espoir ne soit qu'une chimère, qu'il n'en soit rien et que peu des nôtres se sentent intéressés par ce qui se passe sous nos yeux.

Et pourtant, je voudrais croire que nous avons tous ce cri au bord des lèvres, que nous savons tous le nom de celle qui a une grande part de responsabilité, cette grande dame aux mains propres, blanches, aseptisées. Oui, que nous avons tous son nom au bout de la langue, mais nous nous taisons tout simplement parce que – plus que la crainte – l'indifférence s'est généralisée.

Pourtant, nous avons parlé à beaucoup d'entre eux, il n'a pas fallu les solliciter trop longtemps pour qu'ils se lâchent et qu'ils se livrent à nous qui leur prêtions une oreille attentive. Aujourd'hui, plus qu'hier, nous connaissons leur douleur et leur désillusion, nous avons touché du doigt leur plaie grande ouverte. Nous n'avons pourtant rien inventé, car cela fait bien longtemps que des générations de flics scandent les mêmes problématiques, scandent les mêmes phrases. Non, nous n'avons rien inventé, ils nous ont tout appris et je les remercie de s'être ainsi ouverts à nous, nous permettant de porter leurs voix, humblement.

Alors ce matin, j'ai envie de croire que cet ouvrage permettra au moins une chose : pousser à réfléchir, à se poser réellement les questions et enfin, oui, enfin, à assumer les responsabilités de ceux qui font mine de ne rien voir pour ne pas se sentir responsables. Qu'ils se sentent responsables, juste un instant, juste une seconde, juste une seule fois. Qu'ils se sentent responsables et qu'ils tendent la main vers cette veuve qui vient de perdre son mari parce qu'il ne supportait plus la pression qu'ils lui mettaient ; qu'ils s'agenouillent auprès de l'orphelin qui ne verra plus sa mère qui n'arrivait plus à se lever le matin avec cette envie qui l'avait pourtant poussée à entrer dans cette « grande famille ». Oui, qu'ils le fassent et qu'ils s'excusent de leurs comportements et de leurs inactions qui auront parfois poussé les nôtres à commettre l'irréparable. Si au moins cela pouvait faire en sorte qu'ils y réfléchissent, alors j'aurais au moins ce sentiment, ce faible sentiment que les choses pourraient bouger, qu'elles pourraient aller un peu mieux et que notre police serait guérie, ou tout au moins qu'elle aurait un pansement sur sa blessure pouvant aller jusqu'à la cicatrisation.

Je suis encore assise sur mon siège, pourtant j'ai coupé le moteur de mon véhicule, et le silence s'est installé dans l'habitacle malgré la circulation, je n'entends plus rien. Je suis stationnée, mais je n'arrive pas à retirer mes mains du volant, comme si je voulais que ce soit lui qui me guide vers cette direction que je n'ai pas su prendre, vers cette voie que je n'ai pas su trouver quand je tentais d'apporter une solution, mais en vain. Je ferme alors les yeux, et je me perds dans un rêve presque éveillé.

Je me revois empruntant la rue des Saussaies à Paris, passant par « la petite porte » et me présentant sagement au guichet d'accueil, en bon petit soldat. Je me revois traverser la petite cour et prendre l'escalier de droite, puis gravir les escaliers recouverts d'un tapis rouge aux bordures dorées. J'ai tant emprunté cet escalier qui mène au bureau du Secrétaire Général du Ministère de l'Intérieur, juste en face d'un salon intimiste où j'ai patienté de longues minutes en tentant de lire un magazine qui ne m'était visiblement pas destiné. Aujourd'hui, j'ai envie de l'emprunter une ultime fois, malgré la promesse que je me suis faite. Oui, aujourd'hui j'ai envie de pénétrer dans ce bureau cossu où tout brille et où tout est parfaitement en ordre, mais de ne surtout pas m'asseoir autour de la table. L'heure n'est plus aux palabres. Aujourd'hui, je ne veux pas m'asseoir mais prendre sa main et lui dire : « Venez, allez, venez un peu avec moi, je vais vous faire voyager. N'ayez aucune crainte sauf celle de la vérité, criarde et effrayante. Oh, ne prenez pas cet air effrayé, nous n'irons pas très loin, le premier commissariat sur notre route nous suffira, croyez-moi. Ne vous inquiétez pas, nous ne nous absenterons pas trop longtemps, vous retrouverez vite vos dorures et votre salon feutré, car vous ne le supporterez pas, vous ne tiendrez pas plus d'une heure, mais venez, venez donc avec moi, je vous promets un voyage comme vous n'en avez jamais fait ». Et je tiendrai ma promesse, il toucherait ainsi du doigt la vérité et peut-être alors que son jugement changerait, peut-être que son regard serait enfin éclairé, que ses décisions seraient enfin avisées. Oui je lui promets un bref voyage mais pour lui ce voyage serait le plus exotique qu'il ait jamais vécu. Mais ce n'est pas tout. Dans ce rêve éveillé, j'ai envie de poursuivre ma route, alors je me vois courir à en perdre haleine vers le 143 avenue Gallieni à Bagnolet, ce bâtiment que je connais tant pour avoir fait partie des meubles durant deux décennies malgré les déménagements, les divorces et les mariages successifs. J'aurais d'abord fait un arrêt au 43 rue Greneta dans le deuxième arrondissement parisien. Je sortirais de cet immeuble bagnoletais et je tiendrais par la main les deux responsables des deux syndicats majoritaires du corps d'encadrement et d'application, ce corps auquel je suis si fière d'appartenir mais qui est si souvent meurtri, malmené, déconsidéré. Je les regarderais et d'un ton posé je leur dirais : « Venez, venez avec moi, quittez votre costume et vos bureaux aseptisés, revenez un peu parmi nous, redevenez ce que vous étiez avant, avant d'être pris dans cette machine qui vous entraîne à oublier d'où vous venez et ce que vous êtes devenus ». Je leur tendrais la nouvelle tenue d'uniforme qu'ils ne connaissent pas, trois couturiers sont déjà passés depuis qu'ils ont rendu leur vareuse. « Syndicaliste c'est un métier », me répondrait l'un d'entre eux « peut-être, mais aujourd'hui, venez avec moi, mettez cette tenue et suivez-moi ». Une Peugeot sérigraphiée nous attendrait sur le parking, 215 000 kilomètres au compteur, des sièges éventrés recouverts de tâches improbables, des voyants qui illuminent le tableau de bord avertissant sans qu'on daigne s'en soucier qu'il ne faut surtout pas rouler avec. Ils me regarderaient avec méfiance et presque avec inquiétude, et le chauffeur s'engagerait dans la circulation.

Je me tiendrais sur la banquette arrière, au milieu d'eux, l'un à ma droite et l'autre à ma gauche, taciturne, le conducteur nous aménerait sur la pelouse du Stade de France, dans le rond central. Dans mon rêve, les 81 000 places seraient occupées par des collègues, et à mon signal tous scanderaient la même chose, tous crieraient d'une même voix et comme cela ne suffirait toujours pas, les 81 000 premiers laisseraient la place aux 81 000 seconds qui prendraient le relais pour scander cette même phrase et j'aurais alors vu le visage de mes deux voisins changer et se remplir de larmes. Une seule phrase répétée à l'unisson : « Écoutez-nous ! Regardez-Nous ! Sauvez-nous ! ». Puis le silence s'abattrait dans cette enceinte et les deux hommes repartiraient main dans la main avec une seule idée en tête : mener enfin ce combat pour ceux qui les regarderaient disparaître dans le couloir des vestiaires.

Je reprendrais ma route et je vous emmènerais vous, oui vous qui me lisez. Nous prendrions le train pour nous perdre en Indre-et-Loire, et particulièrement sur la commune du Liège. Là, je vous conduirais au milieu d'un parc, au cœur d'une vaste forêt bordée d'étangs, et vous apercevriez un château du XVIIIe siècle. Une bâtisse rénovée aujourd'hui, un asile acquis par mes pairs, par ceux qui m'ont précédé et qui n'ont pas hésité en 1949 à verser un tiers de leurs salaires pour fonder cette association, l'ANAS, un élan de solidarité et de générosité qui, j'en suis certaine aujourd'hui, aurait du mal à se frayer un chemin, aurait même du mal à trouver naissance dans l'esprit de la génération actuelle. Alors, je vous prendrais par la main et je pousserais la porte d'entrée de ce château, Le Courbat, qui reçoit depuis 1953 les personnels cabossés, épuisés et abandonnés du ministère de l'Intérieur. Vous y rencontreriez des hommes et des femmes qui vous raconteraient leurs parcours, vous entreriez dans leurs vies, dans leur intimité et vous auriez du mal à les quitter, car ils vous auraient émus, aux larmes. Ils vous auraient ouvert les yeux et le cœur, et plus jamais vous ne regarderez la Police comme avant, et surtout ces êtres humains qui la composent, car avant tout ce sont des hommes et des femmes, avec leur fragilité et leurs imperfections.

Je finirais alors ce voyage en faisant un détour par chez moi, et je serrerais fort dans mes bras mes deux filles. Je les regarderais en leur disant que le meilleur reste à venir et que j'aurais fait du mieux que j'ai pu. Puis je me blottirais dans les bras de l'homme que j'aime en lui disant que l'on aura au moins essayé.

Je les quitterais pour revenir ici, devant ce commissariat qui est aujourd'hui le mien et je commencerais une nouvelle journée.

Un bruit de klaxon me fait sursauter, je sors de mon rêve éveillé, mes mains sont moites et n'ont pas lâché le volant. Je les desserre et sors de mon véhicule. Le drapeau tricolore flotte devant moi, j'aime ces couleurs et, à chaque fois, elles me rappellent pourquoi je suis ici, devant ce bâtiment.

Avant de pénétrer, mes pensées sont toutes dirigées vers une seule personne, vers celui que j'aime et qui partage ma vie. Ce matin encore je l'ai laissé pour venir ici, ce matin encore il m'a demandé d'être prudente et de faire attention à moi. Ce soir je lui dirais encore une fois que je l'aime et combien je suis fière d'avoir accompli avec lui cet ouvrage. Nous sommes les mêmes, nous avons les mêmes attentes et nous avons cette même flamme au fond de nous. Cette flamme qui ne peut se résoudre à s'éteindre, nous ne supportons pas de voir les nôtres tomber, de voir notre police devenir ce qu'elle est.

Sommes-nous utopiques, sommes-nous des rêveurs ? Peut-être, en tout cas je crois en ce rêve, nous croyons en ce rêve, ce rêve peut-être fou que notre police, celle que l'on a aimée, reviendra. Elle n'est pas si loin, elle s'est juste égarée.

LG

Conclusion

Après tant de pages écrites, tant de thèses et de théories avancées avec un espoir de voir les choses évoluer, nous sommes un peu fatigués de ne pas parvenir à nous faire entendre. Car en ce jour de mars c'est une annonce abominable qui vient faire cesser toute mon activité. Elle n'avait que quarante-trois ans et elle vient de se donner la mort avec son arme de service. Bien entendu elle était policière. Alors que nous nous apprêtons à poser le point final de ce texte nous ayant permis de crier ce que nous avons sur le cœur, nous ayant donné cette possibilité de dénoncer ce que nous portons depuis tant d'années en termes de rejet et même de dégoût, c'est une profonde amertume qui vient germer en nous. Alors que ce texte aurait dû nous apporter l'apaisement nous sommes tous deux en colère face à ce que nous estimons être une injustice, en butte à ce que nous ne parvenons pas à maîtriser et que nous assimilons tous deux à une poignée de sable s'échappant inexorablement entre nos doigts pourtant si bien serrés qu'ils en rougissent. Notre colère est-elle salvatrice, nous sert-elle ou au contraire nous apporte-t-elle autre chose, sans savoir quoi ?

Nous ne savons plus quoi dire, plus quoi écrire et soudain nos mots semblent dérisoires face à ces cercueils et ces familles endeuillées.

Les cercueils contiennent des policiers, il nous semble les voir passer devant nous comme une horde indisciplinée et infinie. Derrière eux se trouvent tous les visages éteints, ces faces sincères de ceux qui les ont aimés. Plus loin derrière, il y a ceux qui baissent les yeux pour reluquer leurs godasses mais surtout pour ne pas croiser les regards de ceux qui savent, ceux qui connaissent leurs responsabilités et encore plus loin derrière, ce sont les vrais responsables qui étrangement avancent avec la tête haute. Ceux-là n'ont pas peur, ceux-là ne craignent rien car ils savent leur immunité. Ils portent des costumes noirs et des cravates sombres sur des chemises blanches. Leurs chaussures brillent de ne pas s'être rendus là où la ville crève lentement...

Là, ce sont ceux qui sont dans les boîtes qui y sont allés et qui ont tenté de servir un état délabré, une société ne désirant pas voir la profondeur du malaise. Ils en sont morts...

Alors nous restons assis sur nos chaises et regardons ce spectacle désolant de ces femmes et hommes seuls et uniques responsables des suicides au sein de la police. Nous pouvons les nommer, nous les avons côtoyés durant ces semaines d'écriture. Il nous semble même leur avoir parlé, leur avoir demandé pourquoi ils se comportaient ainsi, pourquoi ils laissaient crever leurs serviteurs. À nos questions ils n'ont pas répondu, ils nous ont regardé en souriant et en reprenant leur marche derrière les cercueils. Nous avons pourtant insisté et avons été contraints de nous joindre à eux dans ce funeste cortège. Il y faisait froid et il y régnait une odeur fétide de sueur et d'aliments non digérés et rendus à même le sol. Nous nous y sentions mal mais pour parvenir à leur extirper des mots nous avons poursuivi notre route auprès d'eux. Leurs chaussures brillaient encore et leurs regards fixaient l'horizon comme s'ils ne distinguaient rien de ce qui se déroulait devant eux. Là, sous leurs yeux pourtant, se mourraient des centaines de flics. On pouvait entendre les détonations de leur arme de service bien que les canons aient été avalés par les bouches de ces valeureux guerriers. On pouvait encore entendre le claquement de la corde venant enserrer le cou de celui-ci, comme on distinguait aisément le froissement des sachets de médicaments absorbés par celle-là.

Mais eux ne voyaient rien. Leurs pompes neuves écrasaient les larmes et souillaient les appels aux secours des flics paumés dans une police qu'ils ne comprenaient plus.

Alors, après quelques minutes, nous avons quitté ce cortège pour le laisser filer vers un ailleurs inconnu mais les cercueils continuaient à jalonner la route sous nos yeux. Nous nous sommes assis de nouveau pour réfléchir et avons vu passer ces choses infectes que personne ne veut arrêter, elles se nommaient politique du chiffre, management, culture du résultat, violence, misères et surtout désillusions et ingratitude de tout un système abject composant l'administration centrale du ministère de l'Intérieur. Ils sont passés sous nos yeux et nous aurions voulu les attraper pour les neutraliser. Un instant, j'ai même pensé que seul je pouvais les tuer, d'une seule main je me voyais les saisir et leur faire rendre gorge de tout ce qu'ils avaient ingurgité, tout avalé et tout gobé sans même prendre le temps de mastiquer pour mieux digérer. Ce qu'ils auraient vomi aurait rendu à la police tout son éclat et toute sa grandeur.

De leurs bouches béantes nous aurions vu sortir le respect, l'autorité de l'état et surtout une hiérarchie humaine et non vénale. Une hiérarchie attentive aux maux d'une troupe dévastée et en proie à un très profond mal-être.

Mais, je ne sais pourquoi, nous avons été subitement sortis de nos songes par la déflagration d'un coup de feu. C'était celui de l'arme de cette policière qui venait de mettre fin à ses jours. Malgré l'éloignement il nous a semblé l'avoir entendu, nous avons bondi et un long frisson est venu parcourir notre échine.

Encore une fois, ce matin, nous retenons nos larmes et, en guise de kleenex, nous reprenons notre clavier d'ordinateur pour tenter d'éponger ce que nos glandes lacrymales ont envie de déverser. Mais nous sommes épuisés de pleurer et comprenons qu'écrire reste insuffisant pour résoudre ce fléau que sont les suicides de policiers. Alors pour ne pas nous répandre inutilement nous préférons penser à cette femme qui vient de nous quitter.

Il n'en reste pas moins vrai que nous sommes épuisés et que réagir à chaud sur de telles choses ne nous apporte que désolation et haine. Oui haine car c'est bien de cela qu'il s'agit.

Nous nous regardons et nos yeux sont prêts à déborder de larmes salées. Elles ne sont provoquées que par la rage et par le besoin de faire changer les choses plus que par le chagrin de voir la liste des noms des flics suicidés s'alourdir. Ces noms, pour nous, ne sont que virtuels et ne représentent que des collègues que nous ne connaissions pas. C'est bien notre empathie corporative qui en prend un coup à chaque suicide bien plus que nos cœurs et âmes d'êtres humains.

Notre motivation est bien autre que celle d'écrire pour écrire. Ce que nous voulons est une vraie prise de position du ministère de l'Intérieur pour réellement endiguer le fléau des suicides de policiers.

Pourquoi rien ne peut stopper la déferlante des suicides, pourquoi personne ne peut mettre un point final à cette litanie ?

Simplement parce que l'administration refuse de se remettre en cause et n'accepte pas ce qui est, pour les fins observateurs que nous sommes, une évidence à savoir que c'est bien elle qui assassine les policiers. D'autres ont affirmé que la police tuait, qu'elle tuait impunément. Nous, nous affirmons que c'est bien l'institution police qui assassine ses propres serviteurs. Nous ne craignons pas de l'écrire car après tout des élus de la République l'ont eux-mêmes hurlé sans que quiconque n'en soit plus offusqué que cela et que la justice ne se saisisse derechef de cet outrage, de cette offense faite à une pierre angulaire de notre démocratie. Ces édiles nous les vomissons aussi, nous les vomissons d'avoir humilié nos collègues à des fins électorales et en ne servant qu'une politique politicienne dangereuse pour la société. Mais une fois encore ce sont bien les policiers qui ont pris en pleine gueule ces infâmes propos qui les accusaient d'être des assassins. Une fois de plus ce sont les flics qui sont tombés sous leurs propres balles tirées par les pistolets virtuels de la France insoumise et plus tard de la NUPES. Les cadavres de nos collègues ne sont peut-être, pour ces gens-là, que des trophées qu'ils peuvent s'enorgueillir d'avoir provoqués sous couvert d'une idéologie et d'un paradigme désuets et révolus depuis la chute de l'ex-URSS et la fin du communisme. Ils rêvent d'un retour au Bolchevisme où il serait simple de régler les problèmes économiques de notre pays en prenant, tel Robin des bois, aux riches afin de redistribuer aux plus démunis. Dans leur vision du monde, la police n'a pas sa place, elle n'est qu'une sorte de force anéantissant les libertés individuelles, en oubliant que dans les sociétés qu'ils adulent la police n'était que répressive et excessivement violente pour un peuple soumis.

Pour eux la liberté se fait sans police. Mais connaissent-ils au moins l'être humain et sa capacité de nuire à son prochain, savent-ils ce que l'Homme est capable de faire, de générer ? Certainement pas. Ou alors ils l'occultent seulement pour engranger des voix, pour exister sur une scène politique et brandir ce qu'ils savent être des mensonges à leurs électeurs crédules ou ignorants des fondamentaux de notre démocratie. La gauche toute entière devrait avoir honte de cautionner de tels propos, elle est méconnaissable dans son costume étriqué taillé par un homme dont les paroles sont indignes et puantes à souhait. Elle est aux ordres pour pouvoir encore être présente, pour pouvoir encore exister. François Mitterrand doit se retourner dans sa tombe de les voir lécher les bottes d'un petit homme agité capable, sur un plateau télé, de cracher à la face d'un collègue ayant accepté d'échanger avec lui. Nous pensons souvent à ce policier et nous souhaitons lui rendre hommage.

(*émission face à Baba, 27/01/2022*)

Monsieur Mélenchon n'est plus député, mais il laisse ses fientes malodorantes dans les couloirs du palais Bourbon comme une signature de ce qu'il est : un ignoble personnage.

Mais le danger est encore là, il est sous-jacent. Les nombreux députés de la NUPES sont capables, malgré l'absence de leur mentor, de faire des dégâts. Par des propos, par des propositions de loi comme le désarmement de la police ou la modification de la légitime défense. Leur présence à l'Assemblée nationale peut encore plonger l'institution policière, et surtout le moral des policiers, dans les fins fonds des abysses de la dépression et du suicide.

L'administration va-t-elle laisser les policiers se tuer comme Mélenchon et sa troupe débraillée les ont poussés à le faire ? Parce que nous l'affirmons ici : les propos infects tenus par ces élus ont incité les policiers à se suicider.

Pourtant le code pénal est précis dans ce domaine-là et il punit sévèrement celui qui pousse autrui à mettre fin à ses jours. Nous, ce matin, nous rêvons de voir sur le banc des accusés le ministère de l'Intérieur accoudé à la NUPES. Face à eux, il y aurait un nombre important de magistrats, le tribunal serait constitué des esprits des suicidés, des flics malades et de ceux dont la rage permettrait enfin de libérer par de grands cris tout ce qu'ils voudraient dire depuis de nombreuses années. Les réquisitions du ministère public seraient radicales, elles relateraient pour l'un son incapacité à entendre les hurlements des policiers malades et pour l'autre le fiel contenu dans les propos abjects d'un leader politique sur le déclin. Le verdict serait lourd, très lourd et une peine incompressible serait prononcée. Ils crèveraient tous deux dans une cellule humide sous le regard des familles de policiers endeuillées...

Aujourd'hui, Laure est retournée dans son commissariat, elle va y être encore plus à l'écoute de ses collègues. Être disponible pour les autres est un peu sa marque de fabrique, elle est généreuse et l'écriture de ce livre lui a ouvert encore plus les yeux sur les drames des suicides de policiers.

Moi j'ai posé mon ordinateur. Durant quelques jours il restera là sans que je vienne y tapoter. Ce qui se fait le plus ressentir chez moi est indéniablement un sentiment étrange fait de ressentis divers oscillant entre l'amertume, le regret et l'envie de pleurer. Malgré ces nombreuses pages noircies je me sens inutile et dépassé par un phénomène s'amplifiant chaque jour.

Ce que nous savons à présent, c'est que l'administration centrale de la police rechigne à admettre qu'elle fait fausse route et entraîne avec elle un nombre trop important de flics vers le suicide. Ses erreurs, comme ses manquements, nous les avons identifiés et même si le prétendre peut paraître prétentieux nous sommes certains que dans cet ouvrage se trouvent, sinon le trousseau entier, au moins quelques clefs pour parvenir à fermer la porte qui conduit au suicide.

Les maux dont souffrent les policiers sont facilement identifiables et ne résident pas seulement dans le seul fait d'être confronté quotidiennement à des situations violentes ou conflictuelles. Pour faire face à cela le flic est suffisamment armé et ces situations sont l'essence même du métier de policier. Non, le mal-être est ailleurs, il est dans le fait que cette police ressemble trop à la société à laquelle elle appartient, de laquelle elle provient. L'égoïsme et l'égocentrisme ont fait perdre pied à toute une administration et à ses femmes et hommes. Dans la police, peut-être encore plus qu'ailleurs, cela se fait sentir et cela vient frapper les flics au visage comme une vague scélérate un beau jour ensoleillé. Cette vague est perverse et elle emporte avec elle ceux qui ont cru que leur seule appartenance à cette corporation allait permettre de contribuer à changer le cours des choses, que sa seule présence dans un véhicule de police allait pouvoir leur donner cette chance inouïe de porter aide et assistance à la veuve et à l'orphelin. Car chaque policier a idéalisé son métier, chaque flic a eu sa propre vision de son rôle et a, au moins une fois, espéré donner de son temps et peut-être même son intégrité physique pour servir ceux ayant besoin d'attention et de secours. Mais voilà, la police, comme la société, a changé et les mutations qui l'ont assaillie ont fait d'elle une troupe dont les membres ne peuvent plus supporter de lui appartenir. Cette police-là est malade mais aucun médecin ne semble capable de lui administrer les médicaments capables de la soigner car traiter un cancer généralisé avec de l'aspirine revient à nier la pathologie, cette pathologie laissant pourtant de lourdes métastases.

Cependant, nous prétendons que la soigner est simple. Mais pour y parvenir il faut plus que du courage, cela nécessite une réelle volonté politique de reconnaître que ces dernières années n'ont apporté, en termes de management, que désolation et suicides. Mais l'administration est une vieille dame fière et incapable de reconnaître ses torts même s'ils sont évidents. Elle n'a pas su vieillir convenablement en prenant soin d'elle et des siens, elle est aujourd'hui trop malade pour être guérie totalement. Pourtant la vieille dame est honorable lorsque l'on retrace son histoire. Elle a su faire face à de grands mouvements sociaux et se porter devant des hordes sauvages lors de violences urbaines, elle a su répondre à diverses vagues de terrorisme et aujourd'hui encore, malgré tout, elle tente d'œuvrer pour la paix publique.

Ce que nous voyons chaque jour, Laure et moi, est bien triste car la police que nous avons tant aimée se laisse mourir et nous pleurons chaque jour de la voir se paupériser pour ne plus être bientôt que l'ombre d'elle-même.

Conclure un tel texte est très difficile car nous aurions voulu que jamais il ne cesse comme pour ne pas lâcher la main de nos collègues en difficulté.

Mettre ce point final ne sera pas un abandon ni une petite mort pour les flics que nous sommes. Car les flics nous les aimons comme d'autres peuvent aimer les militaires ou les hommes d'Église. Cet amour est difficilement explicable et pas cohérent, il tient à ce que nous avons dans la tête et aux rêves de gamins que nous avons faits en posant, pour la première fois, un képi sur nos têtes juvéniles. Je m'en souviens comme si c'était hier...

Ce texte, qui nous aura tant marqué, n'a pas d'autres ambitions que de réveiller les consciences de ceux qui peuvent changer les choses.

Et nous continuerons le combat que nous menons pour une vraie police républicaine et respectueuse de ses flics...

Nous avons débuté l'écriture de ce livre au lendemain du 24 janvier 2022, la liste était déjà longue. Nous mettons le point final le 20 juillet 2022, durant ces six mois 24 noms sont venus alourdir la triste liste de ceux ayant décidé de nous quitter.

In memoriam

1 – Le 4 janvier 2022, Didier, 61 ans, réserviste au CSP de Besançon. A utilisé son arme de service.

2 – Le 7 janvier 2022, Yannick, 34 ans, affecté à la CRS 43 de Chalon-sur-Saône. A utilisé son arme de service.

3 – Le 13 janvier 2022, Meghan, 23 ans, affectée à Lille. A utilisé son arme de service.

4 – Le 13 janvier 2022, Arnold, 22 ans, affecté à la compagnie de garde de l'Elysée. A utilisé son arme de service.

5 – Le 15 janvier 2022, Pierre-Yves, 30 ans, affecté BRIF de la DRPJ parisienne. A utilisé son arme de service.

6 – Le 18 janvier 2022, Julien, 36 ans, affecté en Police Secours à la Madeleine près de Lille. Par pendaison.

7 – Le 18 janvier 2022, Renaud, 43 ans, affecté à la BST de Strasbourg. A utilisé une arme de chasse.

8 – Le 21 janvier 2022, Christophe, 55 ans, affecté à la CRS 25 de Pau. S'est jeté sous un train.

9 – Le 24 janvier 2022, Pierre, 22 ans, affecté à la BST Nord de Marseille. A utilisé son arme de service.

10 – Le 27 janvier 2022, Dorian, 54 ans, affecté au service informatique de la CSP de Rennes. S'est jeté du septième étage du commissariat.

11 – Le 29 janvier 2022, Pascal, 55 ans, affecté au CSP d'Herblay. A utilisé son arme de service.

12 – le 31 janvier 2022, Mickaël, 50 ans, affecté à la PAF de Roissy. A utilisé son arme de service.

13 – Le 10 février 2022, Elie, 32 ans, affecté à la BAC de Villepinte. A utilisé son arme de service.

14 – Le 22 février 2022, Sophie, 52 ans, affectée à l'UMJ de l'Hôtel Dieu de Paris. A utilisé son arme de service.

15 – Le 23 février 2022, Cédric, 48 ans, affecté au CRA de Oissel. A utilisé un fusil de chasse.

16 – Le 25 février 2022, Damien, 30 ans, affecté à l'UMIP à Paris. A utilisé son arme de service.

17 – Le 5 mars 2022, Johan, 32 ans affecté au CRA de Palaiseau. S'est jeté du viaduc de Millau.

18 – Le 8 mars 2022, Pierre-Yves, 56 ans, affecté à la BSU de Draguignan. Suicide par pendaison.

19 – Le 15 mars 2022, Marc, 45 ans, affecté à la PAF de Lyon Saint-Exupéry. A incendié sa maison puis a utilisé son arme de service.

20 – Le 16 mars 2022, Didier, 60 ans, affecté à la SDLCO à Nanterre. Par arme à feu.

21 – Le 16 mars 2022, Jennifer, 43 ans, affectée au SOP d'Evry. A utilisé son arme de service.

22 – Le 4 avril 2022, Raphaël affecté à la SD de l'Essonne. Par pendaison.

23 – Le 8 avril 2022, Isabelle, 48 ans, administrative affectée à la DDSP 77. A pris des médicaments et s'est mis un sac sur la tête.

24 – Le 23 avril 2022, Thierry, 48 ans CRS à la compagnie 33 de Reims. A utilisé son arme de service.

25 – Le 16 mai 2022, Valentin, 28 ans, affecté au CRA de Vincennes. Par pendaison.

26 – Le 17 mai 2022, Laurent, 49 ans, affecté à la CSP Hazebrouk. S'est jeté sous un train.

27 – Le 21 mai, Simon, 35 ans, affecté à la Bac Livry. A utilisé son arme de service

28 – Le 26 mai 2022, Patrick, 45 ans, affecté à la PAF Perpignan. Par pendaison.

29 – Le 30 mai, Diane, 35 ans, affecté à la PAF Roissy. Par pendaison

30 – Le 01 juin, Stéphane, 52 ans, affecté à Bordeaux. Par pendaison.

31 – Le 23 juin, David, 45 ans, affecté à la CSP d'Hagueneau. A utilisé son arme de service

32 – Le 24 juin, Florian, 28 ans, affecté à la Bac Paris XIII. A utilisé son arme de service

33 – Le 24 juin, David, 52 ans, affecté à la CSP Les Sables d'Olonnes. A utilisé son arme de service

ANNEXES

ADMINISTRATEURS NATIONAUX ANAS
au nombre de 24
Dont membres du Bureau national au nombre de 7
(mentionnés par un astérisque)

1 – Pascal AVIVAR (42) : Secrétaire National Délégué Sud Est Unité SGP Police

2 – Luc BECKER (06) : retraité, ancien délégué CRS Unité SGP Police

3 – Jean-Marc BOTELLA (47) : délégué Unité SGP Police

4 – Michel CHOUIPPE MACE (33) : ancien référent national « investigation » Unité SGP Police

5 – Fabrice DANEL (59) : Secrétaire général Adjoint Unité SGP Police

6 – Bibia BERGHAM (75) : Secrétaire régionale FSPN, représentant du personnel en CAPL pour Unité SGP Police

7 – Frédéric DESGUERRE (76) : Secrétaire Zonal Ouest Unité SGP Police

8 – * Daniel FORTAIN (75) : retraité, ancien membre du bureau National Unité SGP Police au poste de trésorier

Vice-Président National ANAS

9 – Hubert FRANCHI (13) : retraité, ancien membre du Bureau départemental des Bouches-du-Rhône d'Unité SGP Police

10 – Joël GASPERINI (83) : retraité, ancien régional PACA Unité SGP Police

11 – Jérôme GEORGET (83) : délégué National CRS pour Unité SGP Police

12 – Grégory KRUKWSKI (66) : retraité, ancien délégué CRS unité SGP police

13 – * Yves LEFEBVRE : ancien secrétaire général Unité SGP Police. Actuel Secrétaire Général FSMI FO

Président National ANAS

14 – Laurent LE ROUX (29) : Retraité, ancien Secrétaire Zonal pour Unité SGP Police

15 – * Stéphane LIEVIN (45) : ancien secrétaire départemental Unité SGP Police

Secrétaire Général ANAS

16 – * Didier MANGIONNE (69) : retraité, ancien Secrétaire Zonal adjoint CRS Unité SGP Police
Secrétaire National ANAS

17 – Eric MARTINEZ (34) : retraité, ancien délégué CRS Unité SGP Police

18 – * Philippe POGGI (77) : ancien délégué Unité SGP Police
Secrétaire National ANAS

19 – Grégory PONCHEL (98) : délégué de secteur Unité SGP Police

20 – Didier PONZIO (98) : retraité, ancien secrétaire régional Adjoint Ile-de-France Unité SGP Police

21 – * François SCELO (56) : Ancien Délégué local adjoint Unité SGP Police
Trésorier National ANAS

22 – Christophe SCHIANTARELLI (08) : secrétaire local CRS 23 Unsa police

23 – Bertrand VANELLE (91) : ancien délégué national du SNPT, membre du bureau départemental 91 Unité SGP Police

24 – * Svetlana VARLET (98) : Adhérente Unité SGP Police. Femme d'un délégué Unité SGP Police
Secrétaire National ANAS

REMERCIEMENTS

L'écriture de cet ouvrage a été éprouvante. Nous en sortons cabossés.

Aussi tenons-nous à remercier vivement l'ensemble des entités, comme les personnes engagées dans divers mandats politiques, syndicaux, associatifs et surtout les « simples » flicards qui nous ont ouvert leurs portes et leurs cœurs en nous donnant souvent bien plus que des éléments pouvant aider notre travail. Certains se sont laissés aller à nous faire de vraies confidences sur leur quotidien de flic et nous avons parfois essuyé leurs larmes.

En cette période difficile où l'incertitude politique règne et plane au-dessus des commissariats, laissant les cent cinquante mille flics dans un flou absolu en ignorant si un jour leur réalité sera considérée objectivement et sans parti pris politique, nous voulons qu'ils sachent que chaque minute passée à leur côté a enrichi le texte et nous a permis de grandir.

À tous les policiers de France nous souhaitons affirmer notre soutien et leur assurer que notre combat ne cessera que lorsque la litanie n'affichera plus aucun nom, plus aucun suicide causé par ce difficile mais si beau métier.

Cet ouvrage est donc aussi le leur. Sans eux, il n'aurait pas existé.

Merci !

« C'est de la connaissance seule de la vérité que pourra naître un état social meilleur. »

Emile ZOLA

pca
cmb
édition pré-presse
livres numériques

44400 Rezé

–

Dépot légal : octobre 2022

Numéro d'édition : 01

–

Imprimé par CPI

N° d'impression : 2067011

ISBN : 978-2-37934-033-8